生き残るための経営ヒント

神田昌典
[取材協力]加藤 鉱

あなたの会社が最速で変わる7つの戦略

フォレスト出版

Q

生き残るためには、私は、何から始めればいいでしょうか？

はじめに

A 生き残るためには、売上計画の桁をひとつ増やしなさい！

●死に向かう行進から、離脱せよ

本書には「生き残るための経営ヒント」という副題がついてはいるが……、誤解しないで欲しい。

じつは、本書の内容は「生き残ろうとするマインド」からはほど遠い。

正直にお伝えすれば、生き残りをかけて頑張ろうとする会社は、残念ながらまず生き残れない。その思考自体に、生き残れない原因があると、私は考えている。

なぜなら、過去からの延長線上の努力をすればするほど、あなたの会社は辛く苦しくなるからだ。

だから、生き残るよりも、もっと賢い方法を、これからお伝えしたい。

まず、5ページのチャートを見て欲しい。

私のコンサルティング経験を踏まえ、マーケティングモデルの進化と、市場規模・収益率をプロットしたものである。

結果を、ひと言でいえば、「頑張れば頑張るほど、事業規模は大きくなるけれど、経営は厳しくなっていく」ということだ。


簡単に説明しよう。

ゼロから事業をスタートした場合、はじめはコンサルティングや制作請負など、自らの労働力の提供によって収益を確保する。

この場合、労働力がボトルネックになってしまうので、よりスムーズに拡大できるように、次には、自社ノウハウを「コンテンツ」にまとめて発表したり、システム化・講座化して「プロダクト」として販売したりする。

その結果、労働力の制約なくして事業が拡大できるようになるが、次第にライバルの参入が相次ぎ、価格が下がり始める。

そこで顧客が流出しないように、顧客との関係性を強化するためニュースレターを発行したり、イベントを開催したりするようになる。ここで「コミュニティ」へと発展させようとするのである。

すると多様な顧客から多彩な要望が入り始め、要望に応えるたびに商品点数が増えてい

成長のためのＶ理論

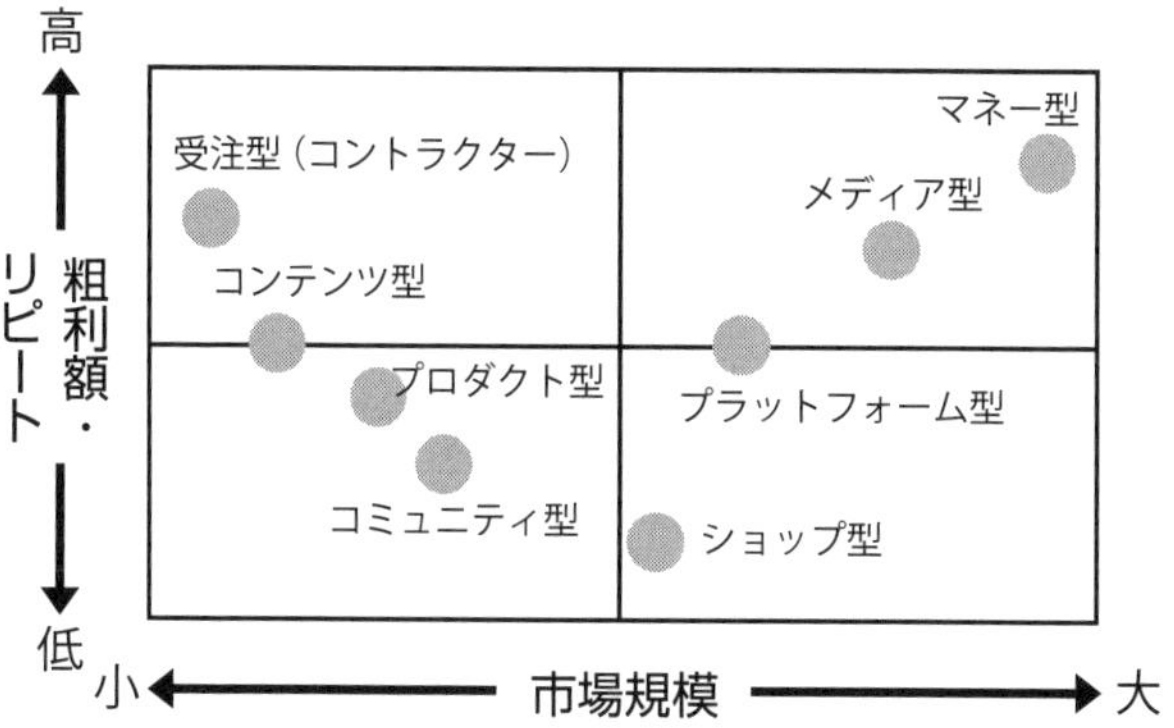

く。「ショップ」を出すことで、幅広く新しい顧客にリーチできるようになるのだが、事業が複雑化。固定費も上がり、収益率は下がっていく。

ここまでの成長プロセスは、人口が増えていく経済下では、まったく問題なく機能してきた。いまでも成長している市場においては、うまくいく鉄板のモデルだ。

しかし、人口が減少していく経済下では、限界にぶつかる。物理的に顧客を集めるモデルでは、未来に向けて成長する道筋を描き続けられなくなるのだ。

このボトムが、Ｖ理論での谷底である。

もはや未来は、過去の延長線上の努力の先にはない。現在と未来との間には、大きな亀裂が生じている。にもかかわらず、「生き残りをかけて……」というスローガンを唱える会社は、周りも同じような努力をする会社ばかりに囲まれている。集団的な思考停止状態に陥っているから、みんなで崖《がけ》に向かって行進し、見事に谷間に落ちていくのである。

●二〇二〇年以降は、人口減に加えて、さらに……

これから会社は、過去からの延長で生き残るのではなく、むしろいったん死を受け入れ、再生するぐらいの変化を遂げる必要がある。いい換えれば、**未来に似合うビジネスへと完全に進化**しなければならない。

しかも、その**決断のタイミングが、カウントダウン**に入っている。

日本の人口は、二〇〇五年から減り始めたといわれるが、じつは消費が最大となる五〇代人口は増えていたので、総支出額はいまも増え続けている。しかしそれも、二〇二〇年頃にはピークアウト――人口だけではなく、使うお金の額がついに減少し始めるのである！

また同年までには、東京オリンピックに向けての特需も消えるから、景気を維持し続けるためには、相当、大規模な経済対策の追加が必要になろう。

さらに二〇二五年には、年齢構成上、最も人口が多い団塊世代（約八〇〇〇万人）が、すべて後期高齢者（七五歳以上）となる。その結果、国民の五人に一人が七五歳以上、三人に一人が六五歳以上という、人類が体験したことがない超高齢化社会に、日本は突入する。

それまでは、経営力を高めることにより、同じ地域で仲良く生き残れてきた会社も、二〇二五年以降は、熾烈《しれつ》な食い合いを始める。既存の市場で残るのは、本当に強い、ほんの一部の会社だけになっていくことは、火を見るよりも明らかである。

これだけの大変化は、江戸時代から明治時代へのシフト、太平洋戦争終戦前から終戦後へのシフトに匹敵するほどだ。武士や軍人が役割を終えたように、たった一〇年間で多くの職業が消えてなくなる。

これほどの歴史的変化が、この五年後から本格化する。

だから、重要な問いは――、

「どうしたら生き残れるか？」ではなく、

「これから五年のうちに、どうしたら会社は生まれ変われるか？」なのである。

●三年後に年商一〇億円よりも、五年後に年商一〇〇億円

このように客観的に時代の趨勢《すうせい》を予想すれば、ひと昔前のビジネスに固執するかぎり、生き残ろうとするのは、相当、困難だ。しかし、**生き残るから、生まれ変わるに思**

考をシフトすると、とたんに肩の荷が軽くなり、可能性が一気に広がる。

ある若手経営者が、口元を引き締めながら私に話しかけてきた。

「いまの事業を、三年後に年商一〇億円にしたいと考えています」

私は、首を傾げながら、次のように答えた。

「……、**ごめん。聞き違えたかかな？　桁《けた》が違うんじゃない？**」

相手は、何をいわれたのか、キョトンとしている。私は続けた。

「創業八年の、エアビーアンドビーは時価総額三兆円。配車アプリのウーバーも、創業七年で時価総額七兆円。起業したら、五年で年商一〇〇億円が、もはやシリコンバレーのスタンダードなんだ。こうした会社の経営者は、あなたと年齢も経験も変わらないのに、なぜあなただけ年商一〇億円を目標にしているのかな？

年商一〇億円をめざすと、周りのおじさんたちに『お前に、できるはずない』と、足を引っ張られて大変なんだよ。年商一〇〇億円とか五〇〇億円とかを目標に掲げたほうがいい。すると、周りは理解できないから、かえってスムーズに成長できるんだよ」

彼は、とたんに目を輝かせ始めた。

「……たしかに、五年で年商一〇〇億円をめざすほうがぴったりきます。自分にできることが、むしろ明確に定まりそうです。本当に**やっちゃっていいんですか？**」

「**ええ、やっちゃっていいんです。私が許可しましょう**」

年商一〇億円を超えるまでには壁がある。だから、周りの先輩経営者は、親切心で、自分が通ってきた道を指南する。

しかしながら、過去の成功は、もはやブレーキにしかならない。

インターネットによる技術革新の結果、いままで一〇年かかったことが、ほんの一年以内に、十分に実現可能になっている。

具体的に説明すると、いままで少なくとも一カ月はかかったWEBページの制作・開設が、「ペライチ」という無料サービスを使えば、充実したテンプレートを使えるので、ほんの数時間後には実現。いままで会社設立後三年は経たないと使えなかったクレジットカード決済が、「スパイク」という無料サービスを使えば、これも二〇分後には実現。いままで、年間数百万円のコストをかけなければ、運用できなかったマーケティング・オートメーションという最新技術ですら、「モーティック」というオープンソースソフトウェアを使えば無料で、いますぐ使い始めることができる。

つまり！　事業モデルを組み立てるために必要だった試行錯誤が、一〇年前に比較して圧倒的に短期間で、お金をかけることなく実現できるようになってきている！

しかも、シリコンバレーでは、未来に必要とされる事業モデルの核ができ上がると、売上げを一気に拡大するための営業部隊、サポート部隊の構築法も確立され始めているので、**一気に年商一〇〇億円ぐらいまで、アクセルを踏み込んでいく**のが、当然の成り行きになっている。

このように未来に向けて進化したビジネスは、下図のようにチャートの右側に位置する。先ほど挙げたエアビー

成長のためのＶ理論

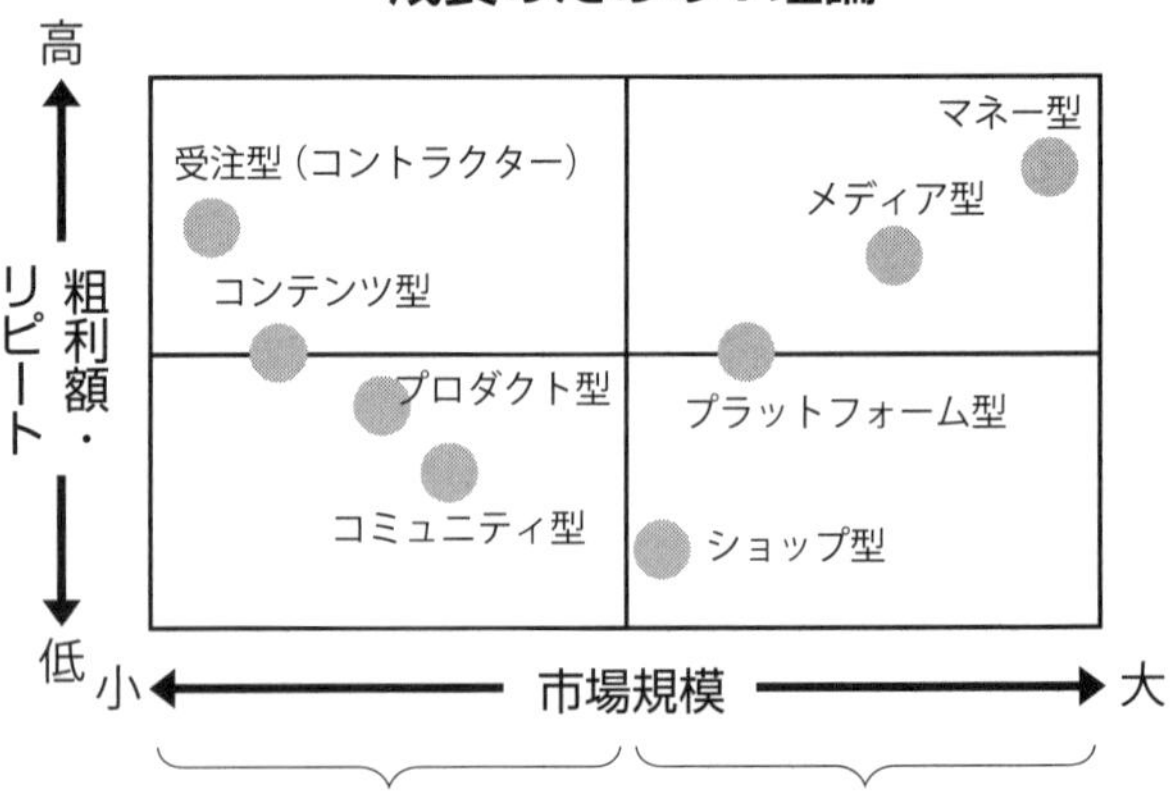

我づくりビジネス
自社に集う顧客を増やしていく結果、自社の事業が成長する。

場づくりビジネス
自社が創る「場」に集う人々を増やしていく結果、さまざまな事業が生まれる。

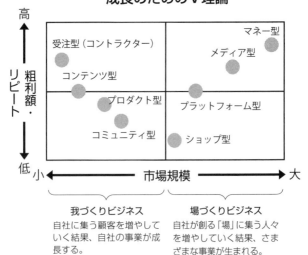

アンドビー、ウーバーは、人が集まる「プラットフォーム」型の事業であり、フェイスブックやインスタグラムは、広告が収益源となる「メディア」型事業。そういった事業モデルがさらに進化すると、今度は、ペイパルやアリペイのような「マネー」型事業へシフトするというのが、未来における事業進化のプロセスである。

繰り返すが、未来の成功モデルは、過去の成功の延長線上にはない。人口減社会でも成長を続けようとするならば、あなたの商品内容、営業方法、さらには組織体制を、チャートの左側から右側へ――すなわち未来に似合うビジネスへと、急速に進化させなければならないのだ。

●未来に向けて進化するための、BABYMETAL戦略

それでは、あなたの事業を、最速で、未来に似合うように変えていくには、何から始めたらいいのか？

当然、会社によってアプローチはまったく違うので、本来だったら、これから半日、あなたと膝《ひざ》を交えて話したいところであるが、いますぐ大きなヒントを得られるように、実用重視の、シンプルな方法を共有しよう。

あなたの会社の強みを凝縮した商品（もしくは事業）を、二つ選択するのだ。

「ええっ、神田さん。ひとつではないんですか？」

経営の大原則は、「選択と集中」。だから賢い人は、会社のリソースを分散せずに、ひとつの強い分野に集中させなければならないと考えるだろう。これはたしかに正解なのだが、実際には、その正解を実践できる会社は少ない。

なぜなら、ひとつの強い分野だけで戦おうとすると、あなたよりも強い会社が必ず現れるからだ。

たとえば、あなたが映像制作事業を手がけているとしよう。映像制作に絞り込み、トップになろうと思っても、あなたよりも規模が大きく、また経営力も秀でたライバル会社との競争に直面するだろう。しかし、そのとき、あなたが教育事業も手がけていたとしよう。その二つの事業の強みを組み合わせ、教育効果を測定する機能を備えたEラーニングのプラットフォーム事業という新しいビジネスに取り組んだらどうか？

ひとつの強みだけにフォーカスすると、ナンバーワンになるのは難しいが、二つの強みにフォーカスすると、その二つを同時に持っているライバルはぐっと少なくなる。さらには、その二つを組み合わせて、ひとつのコンセプトに練り上げると、あなたはオリジナルな事業分野を生み出し、まったく新しいジャンルで、ナンバーワンの座を短期間で獲得する。これを私は、「ＢＡＢＹＭＥＴＡＬ戦略」と呼んでいる。

ＢＡＢＹＭＥＴＡＬとは、アイドルとヘビーメタルという両極をひとつにしたダンスユニット。坂本九以来五三年ぶりに、米国ビルボードチャートの四〇位以内にランクインし、全世界的にブレイクしている。いままで結びつかなかった「アイドル」と「ヘビメタ」をひとつにまとめあげ、独自のジャンルを生み出した。その結果、一〇代のアイドルファンから、五〇代のヘビメタファンまで、年齢を超えて、いままでつながらなかった人々がつながり始め、大きなムーブメントを引き起こしている。

このように、いままで**つながらなかった両極端をつなぐこと**は、独自の商品や事業を生み出すうえで、非常に強力だ。ポケモンＧＯは、デジタルゲームを現実空間につないだ結果、ゲームをやらなかった層をゲームに向かわせ、引きこもりのゲーマーを現実空間に向かわせた。結果、連続テロの恐怖に怯《おび》えていた世界が一瞬のうちに、ポケモンＧＯの話題一色となるほどの変化をもたらした。

未来に向けて進化するビジネスモデルと聞くと、難しい知的作業をしなければ、生み出せないように思えるが、すでにあなたの会社のなかにある強みを組み合わせると、未来に似合う新しい形が浮かび上がる。

しかも、それは、あなたにとって未知なるものを獲得するのではなく、あなたにとって馴染《なじ》みのある、得意分野を新しい形で表現するだけだから、難しいことはない。アップルウォッチが新しい発明ではなく、基本機能はiPhoneやiPadと同じだったように、ほんの少しパッケージや組み合わせ方を変えただけで、まったく新しい価値を持ち始めるのだ。

●新規事業を生み出す、完璧な環境が準備されている

いまオリジナルな価値を見いだした会社は強い。なぜなら、先ほどもいったように、それをスピーディーに世界へ広げていく技術、環境、そして方法論はすでに準備されているからである。

しかも――、二〇二〇年に総支出も減り始めるといったが、逆に見れば、二〇二〇年までは、新しいビジネスを生み出すのに、これ以上はないというほど完璧なタイミングだ。消費が旺盛な五〇代人口が増え続けるということは、その間に、彼らのニーズをとらえた新しいビジネスを多数、創れるのである。

さらに二〇二五年以降、後期高齢者が急増するということは、健康維持、医療、介護のあり方に根本的な変化が起こる。食習慣、定年後の働き方、生活環境など、人々の意識が

変わり、いままでとても売れるとは思ってもいなかった商品やサービスが次から次へと開発・普及していく。

すべての人を対象とする大きな市場では、ほんの一部の会社が生き残りをかけてシェア争いを繰り広げるだろうが、逆に、ほんの一部の人だけを対象とする小さな市場では、個性的なビジネスが無数に創られることになる。

つまり、これから向かう未来では、「やらされる労働としてのビジネス」ではなく、「才能を生かす自己表現の場としてのビジネス」が多数生み出されるようになるのである。そのための理想的な開発期間は二〇二〇年までであり、すでにカウントダウンが始まっている。しかし、いまならまだ間に合う。

あなたの会社は、進化を遂げたいだろうか？
もしあなたの答えがイエスなら――
はじめの一歩を提供するのが、本書である。

どんなに理想的な環境が整っているといわれても、未知の領域に踏み出す不安を乗り越えるには、先人の経験が勇気を与えてくれる。そこで、あなたに先立つこと数年前から、未来に似合う会社への変身を遂げるために、道なき道を果敢に歩んできたチャレンジャーたちをご紹介したい。

●ビジネス進化への突破口は、こうして切り開かれた

本書でこれからご紹介する七社は、どの会社もテレビや雑誌で特集されてもおかしくないほど、刺激的な事業を営んでいる。

どの会社も、人口減少社会が抱える問題に同じように直面してきたが、彼らは突破口を見つけて、未来に向けて大きく進化し始めた。

いったい彼らは、どのような思考と実践で未来に向けた変革を実現させたのか？

私は、過去数年間にわたって、七社の実践のプロセスを間近に見てきた。そして彼らから事業の進捗を聞くたびに、大きな学びを得てきた。彼らと出会った日は、あたかも最高の冒険映画を見たかのように興奮が収まらないのだ。

この興奮と学びを、私だけで独占しているのはあまりにももったいない。そこで今回、この七人の挑戦者が経験から培った知恵を、あなたと共有するために本書を著した。

本書を書き上げるためには、私一人の力だけでは十分ではなかった。そもそも私は、彼らの事業を客観的に説明するには、あまりにも親しすぎる。同じ未来ビジョンやノウハウ

を共有しているために、これから未来への突破口を見いだそうとしている読者にとっては、ちょっと内容が飛躍しすぎてしまう。あらためて新鮮な目で、彼らの事業を観察・分析したうえで、あなたに説明できる視点が必要だ。そのため本書は、ベテランのビジネスライターである加藤鉱氏と共同で執筆にあたることにした。

加藤氏は長年、経済誌の執筆を手がけてきたベテランライターである。ありとあらゆる会社の経営者と出会い、本物・贋物《にせもの》を見分ける卓越した見識眼《けんしきがん》を有している。その加藤氏が、すべての会社に訪問し、総計一八時間近くにもおよぶ深い対話から、読者への学びになる点を抽出・整理した。

私たちが、あなたに提供したいのは、「ビジネスをうまくやるための知識」だけではない。

知識以上に大切なものがある。それは挑戦する勇気だ。彼らは、どんなに辛いときでも先が見えないときでも、いつでも声をあげて笑っている。

彼らは、生き残ろうとするのではなく、生きることをこのうえなく楽しんでいるのだ。

そんな彼らに、インタビューを通じて出会っていただく前に、自社の新しい未来を切り拓いた七社の概要をざっとお伝えしておこう。

◆会宝《かいほう》産業株式会社

地方の自動車解体会社から、静脈産業を創出した世界的企業へと進化。中古車エンジンに関する国際規格ＰＡＳ７７７を正式発行し、各国政府機関も注目。リサイクルの世界標準モデル企業に生まれ変わった。

◆株式会社ＴＩＣＫ－ＴＯＣＫ

数店舗経営の美容室が、小顔になるカット技術の特許を取得することで、五五〇社に技術を提供するスクールへと進化。技術だけではなく、独自商品と組み合わせることで、トータルで美容業界を変革していくビジネスモデルが強力。

◆ダイタンホールディングス株式会社

ダイタンホールディングスは、「名代《なだい》 富士そば」を経営する会社。日本そばは、海外ではウケないという常識を覆し、フィリピン、台湾で成功。成熟市場を守るマインドから、成長市場に挑戦するマインドに社員がシフト。日本市場でも積極的な出店で攻勢をかけ始めた。

◆株式会社源《げん》麹《こうじ》研究所
焼酎の原料である種麹《たねこうじ》を提供する鹿児島のメーカーが、麹の健康分野での研究を重ね、画期的な畜産飼料や自然食品を開発。日本伝統の食技術により、食糧問題や高齢化社会のソリューションを生み出す世界的企業・研究機関へと進化し始めた。

◆NTTアドバンステクノロジ株式会社
優秀な技術者同士の連携が自然に育まれるように、社内読書会を実践。大企業のなかに埋もれている技術シーズを、未来に向けてビジネスモデル化するまでの一連の作業を効率的に進める、組織学習の場を創り出した。

◆株式会社VRSサービス
設計と測量という二つの専門分野に習熟した結果、ディベロッパー向けの販促ツール分野で、シェア四〇%を得るトップ企業へと進化。急速に複雑化・専門化する市場で、ユーザー視点で徹底するワンストップサービスは、業界全体のクオリティを底上げしている。

◆ビジネス・ライフデザイン株式会社

障がい者の、技能習得方法を進化させた結果、最先端のネット・マーケティング、コピーライティング等を実践できるように。いままで単純作業しか任せられないと考えられていた障がい者事業の常識を覆した。

以上の七社が短期間で変革に成功し、また未来に向かって進化し続けると私が思う理由を挙げるなら、次の二つとなる。

① 世界を見据えながら事業を展開していること
② 未来へ向かう輝かしいストーリーを信じていること

まず「世界を見据える」という点だが、日本の人口減が不可避であることを考えると、会社の規模の大小を問わず、海外への展開は必須だ。自分は海外に出るつもりがないという人も、海外から大勢、観光客が日本に来るのだから、ビジネスは自然に海外に押し出されていく。だから、いまから前もって、心の準備だけでも始めるべきだ。

私は日本の人口動態を研究した結果、もはや日本に引きこもっている余裕とゆとりはないと、二〇〇九年にクライアントたちに宣言。「一緒に世界に挑戦しよう」と、口が酸《す》っぱくなるほどいい始めた。はじめのうちは、みな他人事だったが、そのうち、ひとりがマレーシアで、ひとりがミャンマーで、ひとりがスリランカでビジネスを始めたところ、いまでは海外でビジネスを行うのが当たり前になった。

挑戦心は、確実に、伝染するのだ。

二〇一五年以降の超高齢化社会では、地域にリソースを集中投下し、高品質な商品・サービスを顧客に提供する会社と、世界で多数の人々が集うプラットフォームを形成する会社との相乗効果が始まる。グローバルに成長した会社は、良質なローカルビジネスを海外に紹介することに手を貸すことになろう。だから、どんなに小さな規模のビジネスに取り組んでいようが、必ず世界への貢献を見据えなければならない。

地域が発展するかどうかは、高い視点で、未来へのビジョンを見て、行動に移せる人材がひとりいるかどうかで決まるといっても過言ではない。あなたの代で結果が出なくても、あなたの功績は、間違いなく次代へ継承されていく。

次に、七社の変革から学んでいただきたいのは、彼らのビジネスの底流にある「未来に向かう輝かしいストーリー」だ。

成功する会社には必ず、社員が信じる力強いストーリーがある。そして、そのストーリーを深く理解することは、あなたに自らのビジネスを成長させていくうえでの多大なヒントを、確実に与えてくれる。

七社の実践のエネルギーを、あなた自身のものとするために効果的なのは、次の三つの問いに対する答えを探しながら、本書を読んでいただくことだ。

- **彼らは、ビジネスを通して、誰をハッピーにしようと考えたのか?**
- **彼らは、ビジネスを通して、自らの才能をどのように表現しているのか?**
- **彼らは、過去を乗り越え未来に向かうために、どんな小さな一歩を踏み出したのか?**

以上の三つの問いは、あなたが自らの未来に向かうために必要な、本質的な気づきをもたらすように設計されている。

その証拠に、本を閉じたあとに、あなたのなかで、どんな変化が起こっているか、感じていただきたい。

「やっちゃっていいんですか？」という
熱くなる想いが芽生え始めているはずだ。

人々を幸せにするビジネスを通して、
世界に革命を起こす環境が、完全に準備されているという
稀有《けう》な時代に、私たちは生きている。

あとは、最初の一歩を、踏み出すだけだ。

それでは、いよいよ、あなたを挑戦へと誘《いざな》う、刺激的な七社を訪問することにしよう。

未来への進化を加速するには、本文へどうぞ

※これから紹介する七つのビジネス戦略は、未来への突破口を切り拓いた七社のインタビューをもとに、加藤鉱氏が執筆したものです。

あなたの会社が最速で変わる7つの戦略●目次

はじめに　**生き残るためには、売上計画の桁をひとつ増やしなさい！**

第1のビジネス戦略

「プラットフォーム化」によるビジネスモデルの構築

1

解体業から自動車リサイクル業へ
静脈産業の旗手として世界八〇カ国でビジネスを展開

会宝産業株式会社　代表取締役会長　近藤典彦

第2のビジネス戦略

教育プログラムをプラットフォームに組み込む

2

六〇年以上続いたヘアカット技法を革新
女性のニーズを満たし美容師の地位向上も果たす

株式会社TICKI-TOCK代表取締役　牛尾早百合

第3のビジネス戦略

数多くの試行錯誤を短期間に積む

アジアでそばレストランを展開
失敗と成功を繰り返しながら新しい業態を模索

ダイタンホールディングス株式会社　代表取締役社長　丹　有樹

3

第4のビジネス戦略

「Read For Action」によるイノベーターの育成

読書会を通した組織学習によって
イノベーションが生まれる土壌を耕す

NTTアドバンステクノロジ株式会社 営業本部営業推進部門ビジネスモデル・
WEBマーケティング担当 担当課長 三宅泰世

第5のビジネス戦略

業界をブレイクスルーする技術を開発する

5

麹菌に秘められた力を追究し 養豚業の改革を進め、健康産業にも参入

株式会社源麹研究所　代表取締役　山元正博

第6のビジネス戦略

分業をパッケージ化して提供する

――マンション販促ツール開発の分業体制を壊し
オールインワン・パッケージでシェア四〇%を獲得

株式会社VRSサービス　代表取締役　東田 昇

6

第7のビジネス戦略

秘められた人材能力の開発で組織を活性化する

従来の福祉施設のイメージを乗り越え
障がい者がサポート側に代わる時代をつくる

ビジネス・ライフデザイン株式会社　代表取締役　矢根克浩

7

装丁　川島進デザイン室
編集協力　ことぶき社
本文デザイン・DTP　富永三紗子

第1の
ビジネス戦略

1

「プラットフォーム化」による
ビジネスモデルの構築

解体業から自動車リサイクル業へ
静脈産業の旗手として世界八〇カ国でビジネスを展開

会宝産業株式会社　代表取締役会長
近藤典彦

転機となった「自動車リサイクル法」の施行

日本国内では毎年五〇〇～五五〇万台の新車が売れる一方で、約三五〇万台が廃車になっています。そして、お役御免となった廃車を解体するリサイクル事業者は実働で二五〇〇社ほど存在しています。

石川県金沢市の郊外で現在、年間一万四〇〇〇台以上の廃車処理を行っている会宝産業株式会社は、自動車解体業として北陸地域のトップ企業。さらにその実相は、神田昌典氏が提唱する「GRACEFUL JAPAN（優雅な国、日本）」というコンセプトを地でいく注目企業です。

「GRACEFUL JAPAN」とは、これからの日本を変える八つの潮流の頭文字をとったものです。

・G（Graying Society）……高齢化社会、ポスト資本主義のモデル社会
・R（Reuse/Recycle/Reinvent）……循環型社会、物々交換、社会の再創造
・A（Asia/Art/Analysis）……アジア経済圏、誰もがアーチスト、分析・ビッグデータ

・C（Community/Care）……コミュニティの時代、ケア・ホスピタリティ尊重
・E（Education/Empathy）……教育の時代、思いやり、共感
・F（Free Agent/Finance）……フリーエージェントネットワーク型社会、新たな金融コンセプト
・U（Utilities/Ubiquitous）……エネルギー革命、ユビキタス社会
・L（Legend）……誰もが英雄になる時代

一九六九年に創業した会宝産業は、長きにわたって自動車解体業を営んできました。創業者で現会長の近藤典彦さんが「いまこそ自動車解体業にとって転機だ」と考えたのは、二〇〇五年の自動車リサイクル法の施行時でした。同法への対応に奔走《ほんそう》していた近藤さんは、あることに気づき、そして決意します。

「世の中で活動する産業には二種類ある。ひとつは、メーカーに代表される資源やエネルギーを使うことで成り立つ動脈産業。もうひとつは、動脈産業から排出される不要物や廃棄物を再利用する、自然や地球環境にやさしい〝静脈産業〟。自分たちは単なるリサイクル業にとどまらず、世界のベンチマークとなる静脈産業をめざそう」

かつて自動車解体業には、いわゆるやんちゃな人たちが多く携わっていたことから、ある種蔑《さげす》みを込めて「解体屋」と呼ばれていました。一九九〇年代、いくら欠員募集をかけても、面接にやって来るのは茶髪でピアスをつけた若者ばかり。真面目に勤めている社員にも、「お前は解体屋なんかで働いているのか」と周囲から心ない言葉が投げつけられる。会宝産業の業態そのものは順調に発展していたものの、自動車解体業に対する世間の目は芳しいものではありませんでした。

日頃より、社員にどうプライドを持たせて仕事に取り組ませるかに腐心してきた近藤さんは、自動車リサイクル法の施行を契機に、社員に向けて「脱・解体業宣言」をします。「われわれは解体屋から自動車リサイクル業に変わっていくぞ。われわれは静脈産業としてのプライドを持って、事業領域を拡大していき、世の中をきれいにしていこう」

そうはいっても、届けられた廃車の使える部品を再利用し、それ以外のものは資源としてリサイクルするという仕事の本質は変わりません。

さて、何から手をつけるか？　まず近藤さんが想起したのは、輸出向けの中古エンジンの価格づけの〝適正化〟でした。

世界初の中古エンジン規格「PAS777」を取得

輸出の場合、走行距離三〇万キロのかなりくたびれたエンジンも、走行距離八万キロのまだまだ元気なエンジンも、同じエンジン型式であれば価格が同じだったのです。

「日本国内の販売ではそうでもないのですが、輸出の場合はほとんど一律の価格です。エンジンの品質、状態も本当のところは不明でした。また、輸出用の中古部品についても、ひと山いくらのビジネスに甘んじてきました。

なぜかというと、廃車を解体して取り外してきたものだから、トレーサビリティの担保ができず、どれくらいの価値があるのかわからない。それで海外向けの商品については、ひと山いくらという価格づけに甘んじていたのです。

けれども、こんなビジネスをずっと続けていくのはまずいと思っていました。品質、状態が明快にわかり、それを正当な価格で販売する。たとえ中古部品であってもフェアなビジネスができなくては、この業界は進歩しない」

そこで近藤さんは二〇一〇年、会宝産業独自で中古エンジンや中古部品の品質を評価する規格、JRS（Japan Reuse Standard）を開発しました。けれども、これは外部の業者や第三者がニュートラルに評価してくれるものではありません。

かといって、いきなり国際規格のＩＳＯの取得は、一企業においそれとできるものではない。国際的に効力を発揮する評価基準を手に入れる方策はないのだろうかと、必死に調べた末に突き止めたのが、ＰＡＳ（Publicly Available Specification：公開仕様書）の策定、発行でした。

「世界の規格開発活動において多く利用されているコンセンサス・ベースアプローチに依拠し、英国規格協会（ＢＳＩ）の長年の経験と実績を織り込んでつくり上げたものがＰＡＳの策定です。二〇一三年一〇月三〇日に、われわれがつくったＪＲＳがベースとなった公開仕様書として、中古エンジン評価規格『ＰＡＳ７７７』が英国規格協会から正式に発行されました」

こうしてＰＡＳ７７７は、日本発で〝世界初〟の中古エンジン規格となりました。中古部品市場にもいよいよ、規格に沿った商品が流通することになったのです。将来的には、ＩＳＯ規格に発展する可能性もあります。

最大の利点は、この規格によって評価された中古エンジンの品質・性能が、表示ラベルによって明確にわかるため、購入するお客様の安心につながることです。

中古部品を一元管理するネットワークシステムを構築

国内で流通する日本車の中古部品については、すでにきちんとした仕組みができ上がっているといいます。近藤さんはその理由を明かします。

「日本には日本車の中古部品のいいものが出回っています。なぜでしょうか？　自動車大国アメリカにさえ三つの自動車メーカーしかないのに、日本は一二のメーカーがしのぎを削り合っているので、まだ新しい国産車がどんどん廃車になっていくという現実があるからです。

中古部品の査定基準も非常に厳しいために、マーケットによい品質、よい状態のものが多く流通している。もし中古部品に供給ミスがあったとしても、すぐにカバーできる態勢ができているし、クレーム対応もきちんとしています。だからこそ、日本では素晴らしいリサイクル業、静脈産業が展開できるのだと思います」

ところが会宝産業は、世界八〇カ国に中古エンジンや部品を販売するグローバル・リサイクル業です。売上げの七五％を輸出が占めており、国内を主戦場とする同業者とは立場がまったく異なります。

これまでクレームがこなかったのは、ひと山いくらで中古部品を輸出してきたからにほかなりません。これを単品売りに切り替えたときにはどうなるのか？　近藤さんが、よくぞ聞いてくれたという顔つきで答えてくれました。

「クレームがくるでしょうね。では、クレームを受けないためにどうすればいいのか？　これは弊社が保証するものではなく、商品の規格に基づいた評価をしただけですから、それをもってお客様は判断してくださいということにしました。いったんはね。しかし、判断してくださいといっても値段はうちがつけているわけで、これもおかしいだろうということになりました。だったら、お客様が値段をつけられるようにすればいいのではないかという結論に至ったわけです」

そこで近藤さんが編み出したのが、価格競争の激しい場所でオークションを開いて、買い手からさまざまな評価を得るという方式でした。

選んだ場所は中東、アラブ首長国連邦の貿易の中心地として知られるシャルジャ。二〇〇〇とも三〇〇〇ともいわれる店舗が軒を連ねる自動車の中古部品マーケットは世界最大とされ、メインバイヤーはパキスタン人やアフガン人。地元の中東諸国はもちろん、西アジアのバイヤーたちがずらりと揃《そろ》うところだそうです。そこで調達された部品はすぐに中東諸国、アフリカ、中央アジアの国々に再輸出されていきます。

近藤さんは、あえて中古部品マーケットの激戦区で鳴らすシャルジャのフリーゾーンで、オークションを開きました。

「これが二〇一四年のことでした。それから一年半後に、独自に開発した『KRAシステム』の運用を開始しました。これは、廃車の査定・見積り・車輌仕入れ・部品生産・部品在庫・部品販売までの業務プロセスを一元管理する総合管理ネットワークシステムです。このシステムを持っていることが、会宝産業が海外の八〇カ国とのビジネスをスムーズに繰り広げることができる理由なのです」

KRAシステムの展開は、近藤さんに世界各国の中古部品マーケットに関する緻密な相場観をもたらしたといいます。そして、近藤さんが世界のベンチマークに決めたのは、やはり中東のシャルジャでした。シャルジャで得たデータに基づいて、会宝産業の仕入れ価格をすべて決めていきました。

シャルジャの相場価格は会宝産業のみならず、世界に流通する自動車中古部品を扱う業者のベンチマークにもなっています。逆にいうと、シャルジャ価格を基準に仕入れ値を決めて、それで利幅が取れるのなら、その商品を中南米やアフリカ、中央アジア、あるいはロシアなどへ直販すれば、確実に利益が出るということです。

KRAシステムの開発・運用によって、会宝産業は世界ではじめて自動車中古部品に関する情報網を完成させたといえるでしょう。

ＫＲＡシステム構築の大前提となったのは、徹底したＩＴ化でした。本格的にＩＴ化に取り組む契機となったのは、同社が二〇〇四年に経済産業省の「ＩＴ活用型経営革新モデル事業」に採択されたことでした。そこには、すでに海外販路の拡大によって中古自動車部品の需要が増大しており、自社で供給できる量には限界があるため、慢性的な供給不足が続いていたという背景が横たわっていました。

「場づくり経営」の新たなビジネスモデルの誕生

近藤さんが進めるプロジェクトが革新的なのは、独り占めしようとすればできる情報網を同業者に進んで〝開放〟したことです。

「これは、神田昌典さんが提唱しているプラットフォームづくりの実践なのです。『場づくり経営』の新たなビジネスモデルという位置づけをしています」

会宝産業では内外の同業者に対して、次のように呼びかけています。
・国内の同業者は、インターネットを通して在庫情報を公開できるので、中古車や、中古自動車部品の海外への販売機会を増やすことができる。

・部品の海外取引の場合は、英語での交渉、物流、資金回収など面倒な手続きが必要だが、それらを会宝産業が請け負う。
・海外の同業者は、ＫＲＡネットワークグループの一員として、自社在庫のみならず、日本の同業者の在庫の管理データを見られるため、販売拡大につなげることができる。
・国内の調達先と海外の販売先をＫＲＡシステムによってネットワークを結ぶことで、より多くの情報を提供でき、より多くの中古自動車部品が海外で流通することになる。
・海外での自動車リサイクル事業を推進していくうえでも、ＫＲＡシステムの基盤があれば、スムーズに立ち上げることができる。
・自動車解体業をエコ活動としてとらえており、単に中古自動車部品の流通ネットワークをつくるだけでなく、世界各国における自動車リサイクル事業の基盤構築の支援も行っている。

このように、ＫＲＡシステムの利用者は、従来では考えられなかったメリットを享受できるのです。近藤さんは続けます。

「開発した自社のビジネスモデルでビジネス領域を拡大していくだけでなく、これを成功モデルのプラットフォームにして、業界の人たちに入ってきてもらう。それだけでなく、われわれは自動車リサイクル業界という船の『舳先《へさき》』になっていきます。舳先は、船が前へ進むときにいちばん抵抗の多いところです。われわれはさまざまな抵抗を受け止めて、撥《は》ね退けていく、その覚悟が必要でした」

ＫＲＡシステムが動き始めたとき、近藤さんは全社員にそれを訴え、理解を求めたといいます。

ここであらためて不思議に思うのは、苦心惨憺《さんたん》してつくり上げたＫＲＡシステムを基盤とするネットワークシステムを、内外の同業者に惜しみなく開放したことです。

なぜ、近藤さんは世界の自動車リサイクル業界を牽引《けんいん》するまでの使命感を持ったのでしょうか。そこに至るにはさまざまな下地や葛藤があったはずです。

経営理念の原点を培った下町での体験

近藤さんは一九四七（昭和二二）年に金沢に生まれ、金沢で育ちました。六人兄弟の六番目で長男。実家は味噌麹業を営んでいました。

地元の高校を卒業後、縁あって東京都江戸川区にある京葉道路沿いの中古自動車店に住み込みで働くことになります。近藤青年にとって東京の開放的な空気は、堅苦しい金沢の田舎とは違い、じつに新鮮だったといいます。

自動車解体業の見習いをしながら、商売下手なオヤジさん（経営者）を通じてさまざまな経験を積みます。すぐに店の資金繰りの悪さに気づいた近藤さんは、自ら道路脇で、解体後に残った部品を売り始め、毎月月末には売上帳と代金をオヤジさんに渡していたそうです。金沢の商売人の倅《せがれ》の血が騒いだのかもしれません。

夜中に叩《たた》き起こされて、遠方まで廃車を引き取りに出かけ、解体を命じられるのは日常茶飯。家族経営にありがちな理不尽な扱いを受け、感情的になったことも何度かあったけれど、だんだんと自分が磨かれていくのを感じたと、近藤さんは振り返ります。

「下町の店ではそんなものなのでしょうが、オヤジのために何でもやってやろうと決めていました。三歩以上遠くに行く場合は駆け足というルールを自分に課して、馬車馬のように働きましたね」

怒涛《どとう》のような三年が過ぎ去り、実家の父親が脳梗塞《のうこうそく》で倒れたために故郷の金沢に戻らなければならなくなったとき、オヤジさんの奥さんからこんな話を聞かされました。

「今日、お父さんの涙をはじめて見た。典彦さんが辞めるっていったからだよ。『数えきれないくらい夜中に起こしたけれど、起きてこなかったのは三年間でたったの一回だけだった。すごい奴だ。俺は手放したくないけど、仕方がない』って」

そのときほどうれしかったことはなかったと、近藤さんはいいます。「目いっぱい人のために働くことに、これだけ喜びがあるものかと体が震える思いでした」

近藤さんは二二歳のとき、すでに将来の経営理念を実践していたことになります。

金沢に戻ると、家業を継げと迫る父親にこう返したそうです。

「悪いけど、俺は継がない。俺が三年間いなかったときに、うちの味噌麹業を支えてくれたのは誰ですか。番頭さんでしょう。番頭さんに全部あげてください」

すでに、金沢で自動車解体業を始めると決めていたのです。段取りも進んでいました。

東京を去るとき、近藤さんは三年間貯めた貯金全額をオヤジさんに手渡します。

「資金繰り大変でしょうからこれを置いていきます。遠慮なく使ってください」

オヤジさんはそれ以上のことをしてくれました。近藤さんが金沢で解体業を始めようとしているのを察して、「退職金代わりだ」と遊んでいるレッカー車や充電器や乗用車など、仕事に必要な戦力を揃えてくれたのです。

こうして二二歳のとき、有限会社近藤自動車商会が船出しました。

近藤自動車商会から会宝産業への脱皮

社業は経済成長の波にも乗って順調に拡大していきました。

社員が二〇人、三〇人と増えるにつれ、近藤さんのなかにある考えが膨《ふく》らんできたといいます。当時はステークホルダーという言葉はありませんでしたが、「このビジネスは自分がやっているのではなく、社員のものであって、お客様のものではないか」という思いが次第に膨らんできたのです。

近藤さんがそのような思いに至ったのは、義理の兄のつてで、ある浄土真宗の僧侶に出会ったからでした。三二、三歳の頃でした。

会って話を聞くと、ミクロからマクロまで、世の中のすべてのことに答えを出してくれる僧侶で、たちまち引き込まれてしまいました。人柄も素晴らしく、つねに淡々と語ります。その僧侶について、近藤さんは柔らかな表情で話し始めました。

「人間は生まれてきて、必ず死んでいきます。自分たちがお客様のため、人のために何ができるかを考え商売をすることが、あなたにとって最も素晴らしい人生ではないですか。そういわれたのです。

たしかにそうだな。どうせ死んでいくのだから、自分のものなどひとつもありはしない。そうであれば、会社のステークホルダーが真に喜ぶようなビジネスにするべきではないか、そのためにはどうしたらいいのか。そんな思いに至りました。そのときに、まずは会社名から近藤という個人名を消してしまうのが先決だろうと考えました。

それでその僧侶の先生に、よい社名はないかと尋ねたのです。そして、つけていただいたのが『会宝産業』でした。『あなたは社員が、ステークホルダーの人たちが宝に会えるような会社をつくりたいのでしょう。それは、人と人とのご縁を宝のように扱うことでしょう。それから三つ目には、字は違うけれど、〝開放〟してオープンな会社をつくろうとしているのでしょう』といわれたのです。

社名を変更してから、少しずつ死生観が身についてきたと近藤さんはいいます。

「お金にもモノにも心にもとらわれてはいけないと考える一方で、私のなかでは、人生は幻みたいなものだという思いが強まってきました。一秒過去のことはもう取り返しがつかないし、われわれには一秒先のことさえわかりません。一瞬にして3・11みたいなことになるかもしれない。

過去のことはすでに終わったことで変えられない。先のことはわからない。ということは、われわれは一瞬一瞬の刹那《せつな》みたいなところで生きている。そう思うようになってきました」

さらに、「もちろん、さまざまな欲がないわけではありませんが」と前置きしながら、近藤さんはこういいます。

「バーンと儲《もう》かると、人間はどこに走り出すかわかりません。自己コントロールできる人は大丈夫ですが、私にはそれが難しかった。そこで三七歳のときに、酒、煙草、ゴルフ、マージャンなど浮世の楽しみといわれるものをすべてご法度としたのです。

先生から『四〇歳までに自分の人生の半分の清算をしたらどうですか』といわれたのが、直接のきっかけです。当時の私は仕事も遊びも一生懸命という生活を送っていました。それを反省し、六〇歳まで実行しました。私がいまあるのはそのおかげで、自分の実力だとは思ってはいません。

この一瞬一瞬に生きて、いつか命はなくなるものです。だったら、自分はこの商売で人の役に立てることをしていこう、お客様の喜びを自分の喜びにしていこうと決意したのです。この心境になれたのはやはり、先生のおかげだと思っています」

近藤さんのメンターともいえる僧侶の存在はそれほど大きかったのです。

自然環境を壊さずに経済発展を遂げるために

二〇二〇年の東京五輪後には景気が悪くなるといわれています。国内の自動車リサイクル業界も例外ではありません。実質稼働中の二五〇〇社が半減するだろうともいわれています。だから同業各社は、生き残りを懸けて血眼《ちまなこ》になって会宝産業のような「地域ダントツ一番店」をめざしてしのぎを削っているのです。近藤さんはいいます。

「今度はその地域ダントツ一番店化できた業者がわれわれのシステムを通して、中古部品を販売する力を持てば、安定的にビジネスが展開できます。

それまでに地域ダントツ一番店全店にわれわれのネットワークシステムに入ってもらい、静脈側（リサイクル業者）と動脈側（メーカー）でしっかりとバランスがとれる仕組みをつくりたいですね。

海外を見ると、動脈は発展しているけれど、静脈はなかなか進んでいません。私はいま、八〇カ国ある会宝産業の取引先のうちの五〇カ国を回って、動脈側と静脈側を並行して育てていくことの重要性を訴えているのです。先般も、エチオピアとケニアに行ってきました」

今後、自動車がどんどん普及していく発展途上国に対して、静脈産業、つまりリサイクル事業がいかに大切であるかを訴求、説明できるのは自分しかいないと、近藤さんは自任しているようです。

「私は、世界のこの業界の動きを四七年間ずっと見続けてきた者の一人ですからね。訪れた国の動脈と静脈のバランス状況が、日本ならいつ頃に相当するのか即座にわかります。

それがわかれば、過去の日本に照らしてみて、そのステージにおいてわが社がやってきたことをその国に持ち込めば通用するわけです。当然ながら、ＩＴ化の急速な進展を加味して、その国の専門家と話し合います。この活動を広げていけば、かつての日本のように自然環境を壊すことなく、経済発展を遂げられる発展途上国が増えてくるはずです」

かつて日本は重化学工業化を一気に進めたため、一九六〇年代後半から公害問題を引き起こしました。光化学スモッグはじめ、さまざまな訴訟がなされ、東京湾に奇形魚が出現しましたが、その後自然環境を復活させることができました。これから発展していく途上国は、経済発展と環境保持を両立できるのでしょうか。

「無理です」と近藤さんは即答します。

「やはり、欲があるので経済発展を追いかけます。儲けることばかりを追求して、ゴミ問題を起こします。二〇世紀と違い、人口が爆発的に増えているので、すでにゴミ問題は地球規模の汚染問題に拡大しています。

だからこそ、経済発展すると同時に、いやそれを〝先回り〟する形で静脈産業を育てていく必要があるのです。静脈側の進捗が遅れれば遅れるほど、地球の汚染は取り返しのつかないことになります」

そうすると、静脈側ビジネスもそこそこ儲かる可能性が出てくるのではないか。大企業にはなれないかもしれないけれど、中小企業がいくつかのネットワークを構築、拡大していけば、地球規模の環境汚染を防ぐ一助となるのではないか。

これは、おそらく日本一多く、発展途上国の自動車産業とリサイクル事業の現場を見てきた近藤さんでしか得られない発想でした。

JICAを動かした「国際リサイクル教育センター」の創設

その第一歩は二〇〇七年、金沢市に創設した国際リサイクル教育センター（International Recycling Education Center）、通称IREC（アイレック）でした。

会宝産業が費用を投じて運営する国際教育機関で、自動車リサイクルに関する知識や技術を体系的に学べる教育訓練センターです。施設には、講義室、宿泊室、バスルーム、食堂などの共同施設を設置し、海外からやって来る研修生にとって最適の環境を提供しているといいます。

近藤さんの本気度に共鳴してくれたのがJICA（独立行政法人国際協力機構）でした。

まずは近藤さんをはじめ会宝産業の担当者が中南米に飛び、JICAが現地で集めてくれた人たちに静脈産業の重要性と将来性を説きました。そして、賛同してくれた現地企業から一四名が第一期研修生として金沢にやって来ました。その後も会宝産業と提携、合弁した大学や研究機関からの研修生がＩＲＥＣで学んでいます。

今回の取材で会宝産業の本社を訪れたときにも、ヘルメット姿のブラジル系の人たちが工場内を移動しているのを何度か見かけました。

「何度もいうようですが、発展途上の国々に静脈産業という意識を芽生えさせることによって、将来的にその国が安心して発展できるような仕組みをつくっていきたい。これが私の残りの人生における集大成というか、使命だと勝手に決めているのです。

よそ様からは、もうちょっと儲ければいいのになどといわれますが、それは、あとからついてくることで、私自身はムキになって儲けたいとは思っていません。この仕事はそんなにべらぼうに儲けられる仕事ではない。その代わり、普通のビジネスのように苦しまなくてもひとつの流れができればそこそこうまくいく仕事なので、『皆さんもやってみたらどうですか』と中南米やアフリカの人たちに提案しているところです。しかし、このビジネスは法整備が行われないと、進まないところがあります」

相手国の現場に携わる人たちは当然ですが、その前に行政面に影響力を行使する側の人たちを説得し門戸を開いてもらわなければ、静脈産業の実現は画餅《がべい》に終わってしまう。そうした現実が、国ごとに近藤さんの前に立ちはだかっているのです。その意味で、ＪＩＣＡほど心強い理解者はないといいます。

「ＪＩＣＡのバックアップには本当に感謝の言葉しかありません。ＪＩＣＡが寄り添ってくれるので、相手国の行政の人たちともおつき合いできる。相手国の担当者は、リサイクル事業の重要性についてたいていは納得してくれます」

〝われ船の舳先とならん〟とする覚悟とその強み

ＪＩＣＡとの二人三脚によって順調に推移している海外に比べ、いまは逆に、会宝産業が構築したプラットフォームに参加を呼びかけている、国内同業者の動きが鈍くなっているそうです。近藤さんは苦笑します。

「ここは忍耐です。われわれが示した理念が素晴らしいことは理解してくれています。それはわかるけれど、やはりお金儲けのほうが大切だというのが、一般的な反応なのです。彼らを呼び込むためには、われわれのビジネスモデルが儲かることを見せるしかないと思っています」

そこには日本の自動車解体業者が抱える問題が横たわっているようにも思え、聞いてみると、近藤さんはこう返してきました。

「ひと言でくくってしまうと、きつい仕事を避ける傾向が強まっていますね。一部の解体業者などは、外国人バイヤーを自分の工場のヤードに入れて自由に部品を取らせています。要するに、自分の手を煩《わずら》わせずに、楽をして稼ぎたいわけです。まず、そういう解体業者たちは、中古部品マーケットの変化については無知でしょう。

自分の仕入れ値と売り値の差し引きでビジネスになるから、そんな安易なことをしている。自ら買い手市場をつくってしまっているわけです」

これでは自分で自分のクビを絞めるようなものだと指摘します。

「これをオークションにすれば、売り手市場ではないけれど、フィフティー・フィフティーになります。オークションは競争なので、欲しい人は高く買うし、ニーズがなければ安く叩かれる。したがって、われわれがオークションの仕組みを構築し、われわれのマーケットをつくってしまえば、リサイクル事業者がある意味で楽になるわけです」

すでに近藤さんが構築した秀逸なプラットフォームが存在しているのだから、これに参加すれば適正な利益を取れるのに、それを理解しない同業者が安易なビジネスで相場を歪《ゆが》めてしまっているといえます。

近藤さんは歯がゆさを隠し切れない様子です。

「われわれの活動でマーケットは徐々に整ってきましたが、まだ時間がかかりますね。それでも誰かがやらなければならない。先刻も申し上げたように、船の舳先になり、大変な風圧を受ける、そんな役割を引き受ける人間がいなければ、物事は前には進みません」

誰でも後ろについていたほうが楽に決まっています。けれども、船の舳先はつねに苦しいことをするから強くなる。逆に後ろについてくる人たちは弱くなって、いずれ船の舳先に頼らなければ生きられなくなる。自分で活性化していき、新たな創造力を身につけるために、自分は船の舳先の役割を引き受けたのだ。近藤さんはそういいたかったのだと思います。

世界的環境会議「リオ＋20」でのスピーチに込めた思い

二〇一二年六月、「リオ＋20」という世界的な環境会議がブラジルのリオデジャネイロで開催されました。「リオ＋20」は、一九九二年に同じリオデジャネイロで行われた環境と開発を議論する初の国際会議「国連環境開発会議（地球サミット）」を受けたもので、世界各国の首脳レベル、経済人が集まり、今後一〇年の地球環境をメインテーマに、活発な議論が交わされました。

近藤さんはこの「リオ＋20」にパネリストとして招かれ、日本政府、日本国内の大企業と対等の立場で、持論である「静脈産業の意義」を語ったのです。

日本政府パビリオンのブースには約二〇カ国一七〇名が訪れ、そこで近藤さんは次のようなスピーチを行いました。

「『地球は、われわれのものではない。子孫に受け継がれていく宝物である』。これはアメリカ先住民のことわざです。私たちは、この美しい地球を次世代に残す義務があります。二〇年前開かれたリオサミットのテーマは持続可能な開発でした。

主要委員会の『われら共有の未来』では、持続可能な開発とは、『将来世代のニーズを満たす能力を損なうことなく、現在世代のニーズを満たす開発』と定義されました。ここでいうように、『将来世代のニーズ』なくして『現在世代のニーズ』はないわけですから、まずはわれわれの子や孫の世代に地下資源や天然資源があるかを考えることです。また、『現在世代のニーズ』についても、明日の生活すら危うい発展途上国のニーズが満たされることです。私たちが進めるアジアやアフリカにおける静脈産業の起業は、貧困や廃棄物問題に解決の道筋をつけるグリーン・エコノミーの具体例です。

七世代先を考えるアメリカ先住民の心は、私たち現代人に受け継がれたでしょうか。私は、人類の英知は連綿と受け継がれていると思います。昨年三月一一日、日本で起きた東日本大震災に遭遇した東北地方の人たちは悲しみを受け入れ、自己よりも他人を思いやって行動したのです。そのことに世界は賞賛と共感を贈りました。

人類は利己的な利益のみを追求する存在ではなく、他者を思いやることに喜びを感じる存在です。普段は心の奥に隠れていても大事が発生したときこの利他の精神が蘇ってきます。私たちがリオサミットから二〇年、再びこの地に集まったのはこの利他の精神を世界に発信するためです。私は一人の日本人として、ブラジルの人たち、アフリカの人たち、そして世界中の人たちが、このかけがえのない地球を守るために利他の精神を発揮することと共に、われわれＲＵＭアライアンスは増え続ける自動車のリサイクル、静脈産業を確立させてまいります」

※ＲＵＭアライアンス（ReUse Motorization Alliance）とは、近藤さんが代表を務める、「競争から協調へ」を旗印に、よりよい地球環境を志向する自動車リサイクル業者の団体。

これも近藤さんがいうところの「船の舳先」の役割を果たしているととらえてもいいのでしょうが、その一方で、じつはブラジルは自動車中古部品業界からまったく無視され続けてきた国だったのです。なぜなら、ブラジルは中古部品の輸入禁止国だからです。ブラジルが輸出できる国であれば、「リオ＋20」に喜んで参加する日本の中古部品業者もいたかもしれません。ところが、近藤さんはこうした状況を逆にとらえます。「私はビジネスチャンスになると思いました。日本の同業者には得られない情報が入手できますし、日系の方々のニーズも聞き出せます。実際、われわれが提唱する静脈産業をブラジル国内でやりたいという人も出てきました。われわれはやる気のあるブラジルの方を日本に呼んで、研修を受けてもらい、本国でビジネスができるレベルに育ててきました」

現在では、JICAの助成金で完成した、ブラジルのセルフェット大学と共同で運営するリサイクル工場と研修センターが稼働しています。

会宝産業がビジネスのためにだけでなく、世界の環境保全のために自動車リサイクルを呼びかけて実践している実績があるから、そうしたプロジェクトが持ち上がったことは想像に難くありません。

リサイクルオイルが生んだ温室栽培ビジネス

これまで記してきたとおり、近藤さんが打ち込んできた自動車リサイクル業は、世界の静脈産業のトップランナーとして確固たる地位を築きつつあります。さらに、自社のためにつくった規格JRS、その進化形としてのPAS777は、近い将来、国際標準規格I

SOとなる可能性を秘《ひ》めています。

近藤さんはそうした世界に向ける雄大な視線を備える一方、地元金沢で二〇一〇年から農業にトライしています。それも全力投球の構えです。

農業というまったく畑違いの仕事に乗り出した理由のひとつは、社員の「生涯雇用」のためでした。

「会宝産業は六〇歳で定年になりますが、そのまま引退するのではなく、六〇歳を超えても働けるうちは働いてもらったほうがいいと考えているのです。健康で働いていれば、医療費の削減にもなるわけで、その分を将来の日本を担う子供たちの教育に向ければいい。そんなこともこれからの企業は考えていくべきでしょう」

定年後の社員にいつまでも働ける場所を企業として提供したい。それには農業が最適ではないかと近藤さんはいいます。

「適度なストレスもありますし、共同作業だから仲間との会話も弾みますし、人間関係もできるし、ビジネスにもなります。それからもうひとつの大きな狙いは、医食同源ではないけれど、自分たちの手で安全安心な作物をつくろうというものでした」

紆余曲折《うよきょくせつ》の末、五年前から始めたのがトマトの温室栽培。通常では北陸のような寒い地域では温室栽培は行いません。冬場はエネルギーコストがかかりすぎるからです。石油代などの光熱費と売上げを考えると、採算が合わない。

ところが、会宝産業では自動車の解体で廃油が潤沢に出ます。この廃油をリサイクルして再利用するために廃油ボイラーを開発して、いまでは年間で一〇万キロリットルを生み出せるようになりました。光熱費は無料のようなものだそうです。トマトの温室栽培を始めて五年目の現在、年間出荷量は一八トンにまで増えてきています。

近藤さんのチャレンジはこれだけでは終わりません。当初は経験不足から断念した、無化学肥料、無除草剤による野菜の路地栽培に挑んでいる最中です。

無農薬野菜でＴＰＰに対抗する

「農業へのチャレンジはＴＰＰ対策でもあります。貿易障壁を撤廃しようというのがアメリカの戦略で、日本はそれに乗らざるを得ないでしょう。アメリカは化学肥料を使って病害に強い作物を大量生産し、日本に買わせようと迫ってきます。ＴＰＰの発効後、日本の農家は間違いなく疲弊《ひへい》していきます。

アメリカの怒涛のような攻勢に対抗し、日本勢が生き残るには、小ロットで医食同源で、確実に体にいいものだけをつくるしかない。日本人の多くは、農薬を使った作物がいかに体に悪いか、ましてや遺伝子組み換えの作物がどんな結果をもたらすかを知っています。無農薬野菜を生産すれば、間違いなくそれを必要とする人たちが買っていくでしょう。これも農業を始めようと思ったきっかけです」

二〇一七年にアメリカの新大統領がTPPの発効にサインすれば、遺伝子組み換え食品がどっと日本に入ってきます。それが輸出先の思惑に反して売れないと、アメリカはISDS条項（Investor State Dispute Settlement）を活用して、日本政府を訴えるでしょう。その判決を下すのはアメリカの息のかかった、世界銀行傘下のICSID（International Centre for Settlement of Investment Disputes：国際投資紛争解決センター）なので、まず負けます。

産地の表示についても、大量に入ってくる外国商品が不利益を受けるという理由から、産地表示ができなくなる恐れがあります。どこでつくられたものかも知らずに買わなければならなくなります。同様に、遺伝子組み換え食品の成分表示をしなくなることも考えられます。

「恐ろしいことです」といいながら、近藤さんは秘策を明かします。

「われわれはそういう表示後退とは逆に、これまでになかった先進的な表示をしていこうと思っています。地元の大学の協力を得て、われわれがつくった無農薬野菜の栄養価、エネルギーを表示して、差別化を図るつもりです」

農場で採れたての野菜がスーパーの店頭に出るまでに、通常は四日から五日かかります。それを私たちは新鮮だと思って喜んで買いますが、野菜を刻んでサラダにすると、栄養価は採れたての五分の一に減ってしまうといわれています。近藤さんがめざすのは、その日に採れた野菜をその日に食べる、究極の地産地消です。

無農薬野菜をつくる基本は、無農薬耕作地での栽培です。そのために農水省の融資を活用して最新のＩＴ技術を駆使したハウスで栽培し、地方自治体と連携しながら販路を拡大していくなど、間もなく近藤さんの次なるチャレンジが始まろうとしています。

◎近藤典彦氏インタビュー…………［聞き手］加藤鉱

加藤　自動車産業は各国でステージが違うといわれます。そのステージを会長ご自身がほとんど経験されているわけですよね。私もときどき東南アジアへ行って、成功者のパターンを調べているのですが、その多くは冷凍可能な付加価値の高い農水産物の輸出で成功したあとに、例外なく中古車の輸入販売を始めています。これはトレンドといっていいでしょう。とくに海外ビジネスに強い会宝産業には有利な風が吹いているようです。

近藤　そうですね。自動車の生産技術は日進月歩で、IT化とモジュール化が進み、より複雑になっているために、解体技術もいろいろ変わってきていますが、基本はあまり変わっていません。

ＩＴ化がどんどん進んだことから、部品のなかにレアメタルがかなり使われているのを、日本の解体業者はあまり知らないようです。われわれは金の含有量が多い部品がどれなのかなどを徹底的に調べ上げています。

たとえば、排気ガス規制用の部品には触媒《しょくばい》として白金やパラジウムが使用されています。細かな作業ですが、労を惜しまずに取り組むことで、チリも積もればなんとかで、非常に大きな利益を上げられるわけです。

加藤　いまは白金が金よりも安いという逆転現象が起きていると聞きますが……。

近藤　ええ、ヨーロッパの自動車の半分はディーゼル車で、マフラー部分にある排気ガス規制用の触媒に白金がどうしても必要なのです。だから白金と金の価格の比較で、ヨーロッパの景気が如実にわかります。自動車が売れる好況時には、白金のほうがうんと高くなります。それがいまは反対に金のほうが高い。ということは、ヨーロッパは不況なのです。

気懸かりなのは、このところヨーロッパや日本でマイナス金利が導入されていることです。よくよく考えてみれば、これまでの資本主義経済は、資本（預金）を多く持っている者は利息がつくから有利でした。ところが、マイナス金利の時代は、資本を多く抱えている者が不利を被ります。

マイナス金利の出現は、資本主義経済を終わりに導く先兵ではないかとさえ思えます。われわれはもっと真剣にマイナス金利の意味について考えるべきでしょう。

加藤　静脈産業の旗手として世界の自動車中古部品業界のベンチマークとなったり、そうかと思えば今度は農業部門にチャレンジしてみたり、近藤会長の動きは変幻自在そのものですが、長い経営者人生のなかで、何かやり残したことはおありなのでしょうか？

近藤　まだやり残していることがいくつかあります。その筆頭は、開発途上国への医療機械の供給です。調べてみると、新規の医療機械を導入する医療機関はみんな古くなった機械をスクラップにしていることがわかりました。もったいないですよ。開発途上国へ行ってみると、医療機械が圧倒的に足りない。

けれども、仮に中古の医療機械を供給できても、現地では組み立て方も使い方も、メンテナンスの仕方もわかりません。

私はＪＩＣＡに申請し、日本の医療機械を再利用できるプロジェクトを立ち上げたいと考えています。要は、そのための人材養成機関の創立です。まだまだ使える機械は必ず開発途上国ではありがたがられるはずです。

当然、さまざまな問題が浮上してきます。医療機具メーカーの強硬な抵抗は必至でしょう。したがって、それとパラレルに、それをすることによって日本の医療機具メーカーがメリットを得られる仕組みづくりが必要になります。これを現在、構想中です。それを強引に進めようとしては失敗します。でも、どうしても実現させたい。

加藤　また、船の舳先になっているのですね。

近藤　はい、舳先が好きですから。

神田昌典の視点

かねてから私は、二〇一五年までは未来に確実に成長できるビジネスモデルを築くための重要な試行錯誤の時期であり、そのためにビジネスをプラットフォーム化するために挑戦せよと伝えてきました。

ところで、プラットフォームとは何でしょうか？

私はこう説明しています。すでに資産を持っている人（プレイヤー）と、その資産を使いたい人（プレイヤー）が出会う舞台をつくるプロデューサーのような存在……。そしてプラットフォーム型企業の代表例は、具体的にはアメリカのエアビーアンドビーとかウーバーテクノロジーズのような企業です。

会宝産業は、中古部品の品質をデータ管理する仕組みを整備したことで、自動車中古部品を提供する国内自動車解体会社《プレーヤー》と、部品を必要とする海外中古車販売会社《プレーヤー》が出会う舞台《プラットフォーム》を創り上げました。この仕組みの一部は、ＰＡＳ７７７という国際基準に準ずる規格まで取得しています。

これは〝世界初〟の中古エンジン規格であり、いままで誰も考えつかなかった画期的な発明です。この規格をモデルに、品質がデータ化される部品が増えれば増えるほど、中古部品のリサイクルは効率的になります。まさに静脈産業の根幹をなすシステムといえるでしょう。

会宝産業が自主規格にこだわったのは、表示ラベルを見れば中古エンジンのコンディションがわかり、購入する側に安心感を与えることです。まさに近藤典彦さんの慧眼《けいがん》でしょう。

また、自動車中古部品マーケットの激戦区である中東シャルジャのマーケット価格をベンチマークとしたのは、部品の売り方をこれまでのひと山いくらから決別するためでした。マーケットのふるいにかけられることで、単品の価格に説得力を与えられると考えたからです。もちろんその大前提にはビジネスのグローバル展開があります。

同社はいま独自に開発した「KRAシステム」を駆使して、中古部品ビジネスのネットワークを短期間で八〇カ国にまで拡大しています。

アメリカはシステム化するとおしまいになる傾向が強いのですが、日本の場合はそれをもう一度、教育を通して徹底させるのが得意です。

公文、スズキメソード、ヤマハ音楽教室などの教育の未来を見ればわかるように、裾野がとてつもなく広がっていくのです。

会宝産業もスクール事業を持っています。途上国の人たちにリサイクルプロセスを学ばせるための技術訓練をするNPOを運営しています。私も何度か金沢の本社にお邪魔しているのですが、毎回、海外からの研修生を見かけます。

今後、日本企業が世界的な競争力をつけていくうえで、会宝産業が組み上げたプラットフォームはきわめて参考になる事例だと思います。

プラットフォームビジネスについて、日本企業にはそういう発想がないから駄目だとよくいわれますが、本当にそうでしょうか。

私は、うまく教育メカニズムと組み合わせていくと、アメリカがプラットフォームを握ったとしても、そのプラットフォームを教育に結びつけて、まったく別物のプラットフォームに仕上げてしまう力を日本は持っているような気がしています。

2

第2の
ビジネス戦略

教育プログラムをプラットフォームに組み込む

六〇年以上続いたヘアカット技法を革新
女性のニーズを満たし美容師の地位向上も果たす

株式会社TICK-TOCK代表取締役　牛尾早百合

業界の旧弊を破った「ステップボーンカット」

ＳＭＡＰの木村拓哉が美容師役を演じたテレビドラマ『ビューティフルライフ』が最高視聴率四一・三％を叩き出したのが二〇〇〇年のこと。カリスマ美容師ブームの影響もあって、男女ともになりたい職業ナンバーワンは美容師でした。

当時は日本全国のコンビニ件数四万店弱、歯科医院数六万軒強、郵便ポスト一九万台弱、美容室二三万軒、美容師数四八万人という数字が示すように、いまから振り返ってみれば「美容バブル」の時代だったといえます。

ところが美容業界の内実をビジネスとして切り取ってみると、一九八〇年代中頃から今日までの三〇年間、売上げはまったくといっていいほど変わっていません。

なぜ、こうも長きにわたって停滞を続けているのでしょうか？

自身が編み出した斬新なヘアカット技法、「ステップボーンカット」を引っ提げて美容界の風雲児となった株式会社ＴＩＣＫ－ＴＯＣＫの牛尾早百合代表（以後ＳＡＹＵＲＩさん）は、堰《せき》を切ったように話し始めます。

「もともと日本の美容界は子弟制度で成立していました。たいていは二〇歳そこそこで美容学校を卒業して美容室に就職し、スタッフとして働きながら技術を高めていきますが、三〇歳前後で辞めてしまうケースが本当に多いのです。

その理由には、サラリーが低すぎるから独立しないと食べていけないことがあります。もしくは、美容の世界に別れを告げて、もっとサラリーのよいほかの世界に転職するからです。

本来なら、二〇歳前半から経験を積んできた美容師は三〇歳を過ぎて脂ののったベテランの領域に入るので、そこから技術的に花が開く可能性があります。けれども子弟制度のしがらみから、ある程度お客様がついている美容師は、否応なしに店長職を務めるようになります。

店長職になればスタッフ時代とは違って、技術のほうはなかなか磨けません。管理と売上げで頭がいっぱいになり、いったい何のためにこの道をめざしたのかがわからなくなってしまうわけです」

三〇歳のときにニューヨークのグリニッヂ・ビレッジのサロンにいた経験が、その念を一段と強めたといいます。

そのサロンでは四〇歳代、五〇歳代のスタッフが何人もいて生き生きと働いていたそうです。ＳＡＹＵＲＩさんが彼らをつかまえて、「なんで店を持とうとしないの？」と尋ねると、こう返されたといいます。

「僕は別にマネジメントを学んだわけではない。僕は美容師になりたくてここにいる。サラリーだって悪くない。美容師がいちばん楽しいし、お客様を満足させることが自分の目的だからだよ」

これが本来の美容師の姿だよと、彼我の格差をはっきり指摘されたような気がして、SAYURIさんは軽い眩暈《めまい》を感じたそうです。

一般に日本の美容師の下積み期間は三年から八年程度で、世界の平均と比べると非常に長いといわれます。SAYURIさんはそれを否定するつもりはありません。

「それは日本人が備えている特質で、もともとみんな謙虚な性格なのです。美徳ともいえるかもしれません。でも、一見華やかでカッコいいけれど、美容師の多くは生活的には困っているのが現実で、結局、古い子弟制度や因習のようなものが日本の美容業界にマイナスをもたらしています」

SAYURIさんは、美容師の社会的地位を上げるためにはどうしたらいいのかをつねに考えてきた一人です。

解決法はひとつしかありません。〝生産性〟を上げることです。そうすれば、三〇歳を過ぎたベテランスタッフにも相応の給与を出せて、美容師に生き甲斐と社会的地位をもたらすことができます。

それには当然ながら、日本の美容界の現状をブレイクスルーできる武器が必要ということになります。普通なら、こうした理想論を掲げてみたところで負け犬の遠吠えに終わってしまうでしょう。

しかし、ＳＡＹＵＲＩさんは従来のカット技法の考え方を一八〇度変えた斬新な技法を持っていました。ＳＡＹＵＲＩさんのステップボーンカット技法は、日本初のヘアカット技法の特許技術として認可され、現在、アメリカ、フランスにも申請しているのです。

日本人に似合う髪型をつくるカット法を求めて

ヘアカット技法の王道、あるいはグローバルスタンダードはサスーンカット。美容業界における常識中の常識として世界中に拡散され、定着しています。その歴史は六〇年以上にもおよび、日本の美容界をも席巻し、一説によると全ヘアサロンの九〇〜九五％がサスーンカットを採用しているそうです。

現在の日本の美容学校が教えているのも、もちろんサスーンカットです。

ＳＡＹＵＲＩさんはサスーンカットの魅力を認めながらもこう指摘します。

「基本的に頭全体のラインを見ながらつなげて揃えていくのがサスーンカット。だから全体のバランスを揃えるために何度も調整する必要があります。ある部分が馴染まないと削ぐのですが、削ぐと全体が同じように広がるので、なかなか骨格の矯正《きょうせい》がしにくいという弱点があります。要するに、サスーンカットは時間がかかりすぎるのです」

お客様の施術にも時間がかかるし、美容師が学ぶのにも時間がかかるのがサスーンカットなのだそうですが、ヘアカットに不案内な私には何となくわかるようで、もやっとした感じでした。けれども、ＳＡＹＵＲＩさんの次の説明で得心しました。

「サスーンカットはあくまでも西洋人の頭の形をベースにしたものです。日本人を含めて東洋人は、頭の形自体が違うじゃないですか。西洋人と同じように切ったら、西洋人と同じようにはいきません」

西洋人のようなヘアスタイルを日本人に似合わせるためには、なによりも骨格矯正カットが大切だといいます。

ステップボーンカットは、ブロックごとにレイヤーまたはグラデーションをアンダーから順番に乗せていく感覚でフォルムをつくり上げていくカット技法です。三段階のブロッキングのステップと骨格矯正で、量感のあるところと不要なところをつくるのです。ＳＡＹＵＲＩさんはいいます。

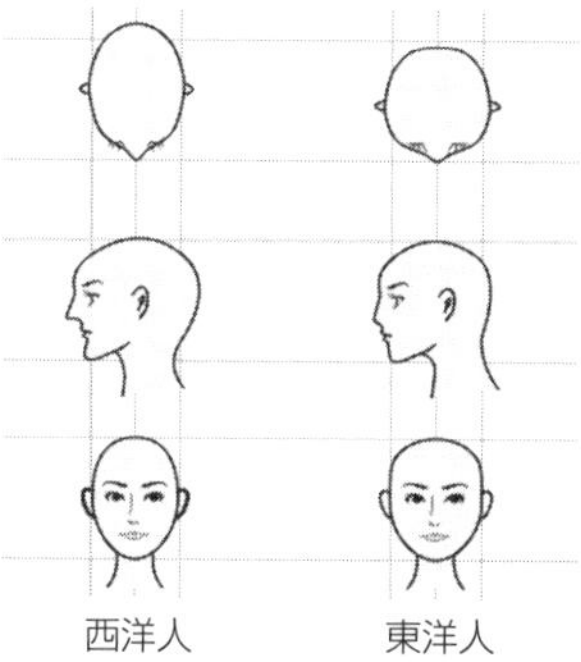

西洋人と東洋人とでは頭の形が違う

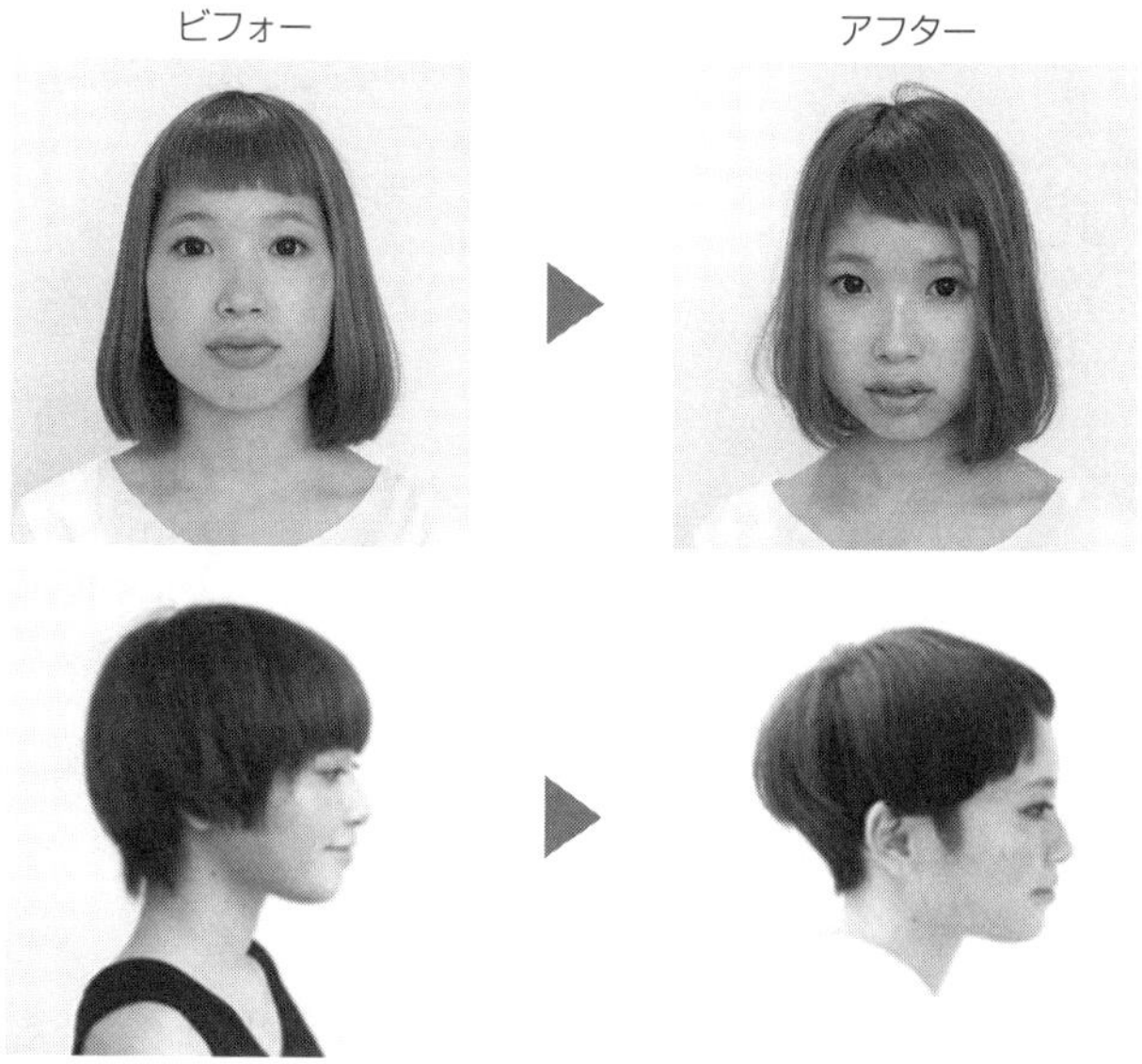

後頭部にふくらみをもたせ、耳の後ろをタイトに見せる

※『SHINBIYO』より抜粋

「タイト&ボリュームの組み合わせで、東洋人の平坦な骨格を西洋人のような骨格に近づけることができます。骨格をきれいに見せることで、頭が小さく首が長く見え、全身のバランスがよくなります。

また、顔の形に悩まれている方にも有効です。重要なのは、東洋人のペタッとした顔をいかにして卵型に見せるかです。いままでのカット法ではできなかったことが、ステップボーンカットを用いれば、自由自在にできるようになりました。

たとえば、極端にいえば、逆三角形の顔を目立たせたい人ならば、もっと目立たせるようにできるし、丸顔をもっと丸顔に見せたかったら、それも実現できるわけです。

ただ一般の人の場合、ほぼ一〇〇%、いかに顔を卵型に見せて、遠近をつけるという西洋人の頭の形を望まれます。プラス、首が長く、背が高く見えるように」

こんな仕上がりを、美容師の誰もがつくり上げられるように、ステップボーンカット技法の「パッケージ化」を実現したのがSAYURIさんなのです。

アジア各地でネットワーク化が進展

これで大づかみにでもステップボーンカットがいかに東洋人に向くカット技法なのかを

理解していただけたでしょうか。

しかもサスーンカットに比べて大幅な時間短縮ができることから、お客様の負担を軽減するとともに、思いのほか肉体労働を強いられる美容師の体力消耗を軽減させるエコを実現しているのです。エステ以外は施術時間の短いサービスのほうが圧倒的に喜ばれるという、お客様の要望にもぴったりです。

さらにSAYURIさんは、ステップボーンカットという新技術の導入が生み出した最大のメリットを、「これを技術料としてカット料金にオンできます。これは従来では考えられなかったことで、美容師の収入増の底上げの原動力となっていくはずです」といいます。

「いまの日本の美容院の料金体系を見ると、ヘアカット料金が極端に安くて、パーマやカラーやトリートメント料金を高く設定してありますが、この状況は本末転倒だと思っていました」

とりわけ東洋人に満足を与え、しかも省エネ・エコ、生産性をぐっと向上できる魔法のヘアカット技術。このステップボーンカットには欠点はないのでしょうか？

ちょっと唇を尖《とが》らせたSAYURIさんは、「持ちがよすぎて、お客様の来店頻度が落ちるのが欠点なのです」と苦笑します。

美容専門雑誌のインタビューで、SAYURIさんはさらにこのように詳しく語っています。

「私のステップボーンカットの基本的な考え方は、たとえば一〇万本ある髪の毛を、一〇万本だけ切ろうというもので、何度も同じところを切らずに一回でフィニッシュすることです。これが原則ですから、パーフェクトにカットすれば、六四回のカットでフィニッシュが可能なのです。

そしてステップボーンカットのよいところは、ナチュラルで髪が傷まなくて、どんなデザインでもつくりやすい。それでいて従来のカットの二、三倍は長持ちする。さらに施術時間が短く、従来のカット、パーマの半分ぐらいですみます。一時間一〇分から二〇分程度でしょうか。その代わり、料金は従来の一・五倍程度になります」

このところアジア地域を中心に、ステップボーンカットを導入する美容室がどんどん増えているそうです。

シンガポール、インドネシアなどの美容室チェーンのスタッフが大挙してセミナーを受けに来たのです。もちろん、そのなかには日本人スタイリストも何人かいます。彼女たちは、SAYURIさんが代表を務める「日本小顔補正立体カット協会」で講師の資格を取って、現地に戻って一〇〇人以上のスタッフたちに教えています。

そのひとつがインドネシアでも有数のブランドサロン。二万円程度のサラリーでアシスタントを務めている若い人たちが競って美容師をめざしているケースが多く見られたと、先ごろジャカルタの旗艦店を訪ねたSAYURIさんはいいます。

「刺激になりますよね。ここでは七人の日本人メンバーが一〇〇名以上のローカルスタッフの教育をしています。まず彼らのトップが日本に何度も足を運び、ステップボーンカットスタイリスト認定講師試験に合格し、そのほかのスタッフが追随し、次々と認定資格を取得しました。ステップボーンカットの技術で豊かになろうというスタッフの情熱に応えて、彼らがいま懸命に教え込んでいるところです」

SAYURIさんがにこにこしながら、お金のことばかりいいたくはないのですが、とうとうとんでもないミラクルボーイが出現したと紹介します。

「そのジャカルタのブランドサロン内には、掃除や雑用の仕事をしている男の子がたくさんいるのですが、そのなかの一人が半年ほど前に突然、美容師になりたいといい出しました。それでステップボーンカットのトレーニングを始めて習得すると、めきめき頭角を現して、この間なんと月間で一八〇万円を売り上げたのです。さらに、月二八〇万円を売り上げたマレーシア人スタイリストも誕生しています」

この数字は、日本の美容界のエース級でも月商一五〇万円程度、二五〇万円超となるとほんの一握りのトップ美容師しかできない芸当なのだそうです。

もともと現地でのカット料金は五〇〇円以下程度。ステップボーンカットを導入したその少年は一挙にトップアシスタントに昇格、カット料金を五〇〇〇円に引き上げたといいます。

ほかのステップボーンカット技術を用いるスタッフも五〇〇〇円以上の料金設定、日本人ステップボーンカット講師は一〇〇〇〇円で、現地の相場からすると二〇倍以上のあり得ない料金なのですが、客足は鈍るどころかずっと盛況が続いているといいます。

トップスタイリストとなった彼は高給取りとなり、豊かな生活を手に入れました。まさに腕一本で美容師の〝アジアンドリーム〟を実現したヒーローのような存在なのだそうです。

それにしてもここまでヘアカット単価を上げてしまう、それでも顧客をリピートさせる彼らのパワーには脱帽せざるを得ません。裏を返せば、そこまでステップボーンカット技術の商品価値を引き上げているわけで、いつも横並びで他者の視線ばかり気にしている日本の同業者は見習うべきではないでしょうか。

こうした現象を知るにつけ、今後の経済成長を考えると、アジア各地のヘアサロンがブレイクスルーの主役になる前兆なのかもしれません。

ジャカルタ、シンガポール、台北、上海を発信地としてネットワーク化が進展しています。ちなみに上海では現在、一五〇名以上のスタッフのいる美容室が認定講師の資格を取り、ステップボーンカット技術を取得中といいます。

「日本の美容技術は世界最高水準だと自負しなさい」

ここからはステップボーンカットが国内でどのように広がっていったのかを振り返ってみます。

もともとＳＡＹＵＲＩさんは一〇代の頃から、独自な発想をもとに特殊な技法を身につけていました。けれども、本人は特殊には違いないだろうがそれほどのものではないと思い込んでいたそうです。

「私は二五歳で店を持って経営者となったのですが、たまたまヘアカット講師が集まる場に参加する機会があって、そこでプチロールプレイングしたところ、全員がえっと目をみはったのを見て、ようやく覚醒しました。自分のカット法がプロたちの目からも一目置かれるものなのだと、再認識させられました。でも、この時点では自分が編み出した技法を世の中にアウトプットする気持ちはさらさらなくって、自分が育てる美容師だけを対象にしようと決めていました」

その後、この技術をＳＡＹＵＲＩさん自身が「ステップボーンカット」と命名、カリキュラム化して社内スタッフに教えていました。

ただし、あくまでも外部に対しては「門外不出」の扱いでした。ステップボーンカットを使ってでき上がった作品は発表するけれども、カットする場面は公開せず、ステップボーンカットの仕組みはベールに包まれたままだったのです。

外部から教えてくれと要請があったり、美容雑誌から取材の申し込みがあったりしましたが、ＳＡＹＵＲＩさんは応じることはありませんでした。

ＳＡＹＵＲＩさんが門外不出を守るというかたくなな姿勢を変えたのは、いまから七年前に雑誌『HAIR NEWS MAGAZINE』で一年間の連載を終えてからでした。

一年間連載したものを一冊の本にまとめようと思って、いろいろなことを書き足してみたところ、「なんか美容業界はおかしい」という思いが募ってきたそうです。

日本の美容業界における子弟制度の問題、美容師の収入の頭打ちの問題については冒頭で触れているのでここでは取り上げませんが、とにかく問題だらけ。ステップボーンカットを世に広めるなら、これらの問題の解決に加えて、さらに、従来のサスーンカットに対する東洋人の不満、サスーンカットがもたらす美容師・顧客双方への肉体的負荷の問題などを一挙に解決できるのではないかと閃《ひらめ》いたのです。SAYURIさんは述懐します。

「あの感じは天啓のようなものだったのかもしれません」

二〇一〇年、雑誌への連載のまとめと新たな要素をまとった本『FOR JAPANESE HAIRDRESSERS 日本の美容師たちへ』が刊行され、世界六カ国一三都市で発売されました。

「日本の美容師たちへ。自信を持ちなさい。日本の美容技術は世界最高水準だと自負しなさい」

それは幻想的な写真集の趣《おもむき》でありながら、日本の美容師たちを励ますメッセージ集でもありました。

「これを出版したときに、ステップボーンカットを公開すべきだと本気で思いました。自分のなかだけにとどめておくのは、大袈裟にいうなら〝道理〟に反すると感じました。あまりにも美容業界の状態が悪くて、とくに日本が悪いわけでしょう。もしかしたら、この技術が日本の美容界を助けられるかもしれない。そんな使命感も一緒に芽生えてきて、そうであれば公開しよう。それを決心した時点で特許を出願しました」

ステップボーンカット・アカデミーを開設

「これまでも故ビダル・サスーン氏の考案したサスーンカットに不満が残る東洋の人たちにフィットする多くのヘアカット技法が開発されてきました。けれども、それがヘアサロンで働くスタッフに伝授されることはありませんでした。なぜなら、体系化されているのはベーシックカットまでだったからです。骨格補正や毛量調整などベーシック以外の肝心な部分は感覚や経験がものをいい、昔ながらの『見て習え』『技を盗め』一辺倒の世界のなかでは、そうした技術を身につけたくとも不可能だったのです。（中略）

本アカデミーは、コースマニュアルを受けてトレーニングを実践すれば、待ち望まれたステップボーンカット技術を身につけられるよう設計されています。

ステップボーンカット・アカデミーは単なるカットセミナーではありません。これまでの常識を覆す、ヘアデザイナーの生涯を変える決定的なセミナーであり、強力なブランディング戦略であるのです」

この文言は、ステップボーンカット・アカデミー（教育）をスタートさせる際に打ち出したものです。

話が前後しますが、ここからは日本国内でのアカデミー（教育）展開について、聞いていきましょう。

ＳＡＹＵＲＩさんのステップボーンカットの技術は、まずはＳＡＹＵＲＩさんのスタッフに伝授されました。そしていまはそのスタッフたちが講師となって、教育活動の主役を務めています。

スタート当時のアカデミー活動について、ＳＡＹＵＲＩさんが経緯を明かします。

「これまでは美容師自身がセミナーを企画して、自らの技術や関連商品の売り込みを図るのはタブーとされてきました。この分野に関しては従来から美容系雑誌社、美容系ディーラーや美容品メーカーの仕事とされていたからです。

もちろんいまはネット社会ですから、なんでもありなのでしょうが、やはり、そうした縄張り的な要素は厳然と存在していたように思います。ですから、私がアカデミー活動を始めた頃は反対する人が多くいました。

特許についても、『特許は、新鮮な技術を独り占めすることになる。そういう技術は美容界全体で共有するのが当たり前で、特許を取ると悪者扱いされて嫌われるので、人にいわないほうがいいですよ』という人もいました。

ですから、二〇一三年に特許を取得したあとも、自ら特許については格別なアウトプットはしませんでした。セミナーに呼ばれて、ステップボーンカットを披露したときには、『皆さんがこれを使うのには、ライセンス料として年会費がいります』という仕組みの説明はきちんとしましたね。

そして、ステップボーンカットを理想的に仕上げるための商品の必要性も説明します。

昔から美容師は商品もつくっていました。でも、あまりうまくいかないのが現実でした。それは古い流通システムの問題だと思いますが、独自の商品をつくれるのは、お客様の髪の毛のことをいちばんわかっているのがわれわれ美容師です。ステップボーンカットを導入するためには、特殊なローションで髪を濡らさないと思いどおりのカットができません。プラス、専用の特殊なシザー（ハサミ）もセットする際に必要で、代用品ではうまくいかないのです。

われわれの信念を通すためにも、ステップボーンカット技術と水物商品（液剤）とシザーを組み合わせるシステムをつくったわけです」

スタートはそこからでした。なんといっても、美容師（ヘアデザイナー、アーティスト）がヘアサロンに来るお客様以外を対象にビジネスをすることが許されなかった、閉じられた世界から殻を打ち破る活動を始めたわけですから、とてつもないプレッシャーがSAYURIさんにかかっていたことは想像に難くありません。

ステップボーンカット・アカデミーを受講する人たちの動機はさまざまでしょうが、将来に不安を抱え、切羽詰まった心境の人も多くいたのではないでしょうか。

いままで紹介してきたように、ヘアサロン業界を待ち受けているのは、技術のマンネリ化、料金のダンピング、少子高齢化による客数の減少、困難になる一方の新人の求人と美容師育成など、茨《いばら》の道どころか地獄のような未来でした。

そこにステップボーンカットという新しい扉が開いたわけです。SAYURIさんはいいます。

「セミナーをスタートしたとき、最初のターゲットはヘアサロンのオーナーに絞りました。まずは技術をとことん見ていただいて、納得していただくのです。それからオーナーが承認される店長、幹部に来ていただき、全体の落とし込みを行ってきました」

多くの既存店のオーナーや新規オープンを予定するオーナーが渇望《かつぼう》していたのは、他店との差別化でした。それも次元の違うくらいの差別化という店の「売り」が欲しかったのです。つまり、ここに需給のバランスがぴたりと合致、成立したのです。

市販され始めたステップボーンカットのビデオを見て、目から鱗が落ちた感じで、セミナーに申し込んできたオーナーも多かったといいます。

現在、協会から認定証を授与され、ステップボーンカット技術を正式に導入しているへアサロンは国内外で五五〇店におよぶそうです。

ニューヨークからブランディング戦略を発信

以下は二〇一六年四月二七日に配信されたプレスリリースです。

メイド・イン・ジャパンのヘアカット技術に立見客続出
特許技術のニューヨークセミナーに六〇〇名が来場

ヘアカットの技術を指導するSTEP BONE CUT ACADEMY（ステップ・ボーン・カット・アカデミー）を運営する一般社団法人 日本小顔補正立体カット協会（本部：兵庫県神戸市、理事：SAYURI）は、二〇一六年三月六日（日）〜八日（火）に世界最大五万人の美容師が集まる「インターナショナル・ビューティー・ショー（IBS）・ニューヨーク」にて『STEP BONE CUT体感セミナー』のオファーがきました。

【メイド・イン・ジャパンのヘアカット技術を世界へ向けて発信】

『STEP BONE CUT』はカットだけでボリュームやフォルムを自由自在にコントロールすることができる革新的なヘアカット技術です。現在六〇〇店舗のヘアサロンに導入されており、上海・台湾・ジャカルタなどアジア各国でも広がりをみせています。この技術がIBSから認められ、IBSニューヨークにおいて、メイド・イン・ジャパンの技術を世界へ向けて発信すべくセミナーを開催。三日間で計六〇〇名の参加者の方々が来場しました。

セミナーは、『STEP BONE CUT』の解説からはじまり、ヘアスタイル紹介、ヘアサロンでの活用事例の紹介、考案者SAYURIによるデモンストレーションなどが行われました。デモンストレーションではビフォー・アフターの大きな違いに感嘆の声が上がることも。また、モデルのウォーキングの際には、その技術を自分の目で確かめようと、実際にモデルの髪に触れる方も続出しました。

右記のインターナショナル・ビューティー・ショー（IBS）にこれまで選出された日本人ヘアデザイナーは、SAYURIさんを含めて五人。ただし、SAYURIさん以外はアメリカでヘアサロンを運営しており、現地に店がないのにIBSに選ばれたのはSA

ＹＵＲＩさんがはじめてだそうです。

アカデミー開設の準備が進んでいるニューヨークのほかに、このＩＢＳの反響に呼応して、引き続き二〇一六年六月にラスベガスＩＢＳの主催でSTEP BONE CUT体感セミナーが開かれ、ロサンゼルスではACADEMYの基礎コースがスタートしています。

ニューヨークでの活動開始は五年以上前の二〇一〇年一一月のこと。ステップボーンカットのブランディング戦略の発信地をニューヨークに定めたのは大正解だったのではないでしょうか。

「ニューヨーク自体がブランドですし、お客様が認めてくださるのもやはり、ニューヨークでのコレクションや、ファッション関連のクリエイティブなアクティビティなのです。また、われわれの日本での店舗展開は関西で、東京ではないことから、まずニューヨークからブランディングをスタートして、パリや上海などを攻めてから東京に逆上陸、本格展開する戦略のほうが正解なのかなと思いました」

おそらくその選択は正しいと思います。著名なヘアサロンが群雄割拠する東京でのブランディングよりも、野球でいうならばメジャーリーグのあるニューヨークからの発信のほうがよほど刺激的だからです。

芸術の世界には、閉鎖性や嫉妬《しっと》が異様に渦巻く日本国内ではなかなか認知されない日本人アーティストが、ニューヨークやパリで評価され、日本に逆上陸するというパターンがあります。ＳＡＹＵＲＩさんがそれを意識しているかどうかはわかりませんが、結果的にはそうした戦略を敷いているわけです。

外国人による美容ツーリズムが始まる

これまで日本の美容界に厳然と存在する伝統的な子弟制度の弱点ばかりに目を向けてきましたが、ＳＡＹＵＲＩさんはそれはそれとして「子弟制度があったからこそ、日本の美容師は細かな技術を備えることができた」といい、「美容技術は日本の文化なのです」とまで断言しています。

「ステップボーンカットの浸透を契機に、美容技術は日本の文化であることを世界に認めてもらうのと同時に、日本の人たちに認めてもらいたいですね。それが美容師の付加価値を上げることだと思うから」

ここ数年続いているインバウンドの主役である中国人の関心も、爆買いという「モノ」から、日本的な文化や自然に触れる「コト」に移りつつあります。

将来のニーズの最右翼とされるのが、外国人を対象とする医療ツーリズムであり、美容ツーリズムと予測されています。

外国人が日本にやって来て、ヘアカットをして、きれいになって帰って行くのです。すでにその兆候は東京の有名店では顕著になっており、美容師にも英語や中国語の会話能力が要求されているようです。

「私にいわせれば、日本の美容師の高い技術力が認識されたのは遅すぎるぐらい。情けないことに、それをいちばん知らないのが日本人なのですね。ニューヨークでもパリでも、日本人美容師に担当してもらうと、通常料金の三〇%アップは常識です。そうした現実を日本人だけが知りません。向こうの日本人スタッフは給料もいいし、チップもかなりいただけます」

これはそもそも論になってしまいますが、日本はサービス業に関して、あるいは職人の技術に対するペイメントが低く、その認識は変えていくべきではないでしょうか。その意味において、日本へのインバウンドがピークを迎える二〇二〇年の東京オリンピックは絶好のチャンスです。

◎SAYURI氏インタビュー…………［聞き手］加藤鉱

加藤　プレスリリースにもあるように、ニューヨークっ子もステップボーンカット技術の斬新さ、自由度に度肝を抜かれたようでした。ご自身はどうやってデザイナー的なセンス、あるいはフォトグラファー的なセンスを養ってこられたのですか?

SAYURI　じつは私は漫画家になりたかったのです。小学校のときからずっと漫画家になりたくて、絵を描き続けていました。漫画研究会の幹事までしていました。

漫画で女性を描けば、どうしたって髪型にこだわります。自分が描いた漫画のような髪型にしたいと思って美容室に行ってみたけれど、結局気に入らなくて自分で切っていました。私にしてみれば、従来のカット法はみんなおかしかったのです。どうしても違和感をぬぐえませんでした。

縁あってこの世界に入ってきて、いろいろなヘアカット法を教えてもらって試しましたが、従来のものは必ずあとに修正が必要なのです。その修正を省けないものか、最初にベストにカットできないものかと考えたのが、ステップボーンカット開発の出発点でした。

仕事を始めたらありがたいことに、お客様が予想以上に増えて、ピークの時間帯は大変で、毎日、私もスタッフも途中でもうクタクタの状態になりました。それでもお客様はいっぱい待っているわけです。

できるだけ手数が少なく、できるだけ早く仕上げるにはどうしたらいいのか。それをプライオリティに置いて、西洋人の骨格をベースに確立されたカット理論を、東洋人の骨格に当てはめた場合のギャップを埋めようと、独学でさまざまな日本のカット法を研究しつくして、五年をかけて考案したのがステップボーンカットだったのです。

加藤　かつて近江商人が大切にしていたのが、売り手よし・買い手よし・世間よしという「三方よし」の精神でした。これをステップボーンカットに当てはめると、美容師よし・お客様よし・オーナーよし、になるのではないでしょうか?

SAYURI　そうですね。お店側としては、ステップボーンカットは美容室のオーナー、スタイリスト、アシスタントにとっても大きなメリットがあるのではないでしょうか。一人前になるまでの練習時間は短縮されるし、統一化されるし、単価も上がるし、スピードも速いですし、おまけにスタイリストも疲れません。

ここは非常に重要なところです。いままでパワーを込めて切っていたのを、ヨガとか太極拳のようにステップボーンカットの場合はいわば自然体の重力で切るわけですから、年齢が上がってもそんなに疲れません。

何度も申し上げるように、美容師はけっこう体力仕事なので、ベテランにはありがたいでしょうし、これなら一生の職業としてまっとうできるはずですし、これからは「似合わせ」自体がスキルになってくるので、ステップボーンカットはうってつけですね。

加藤　いまSAYURIさんがされているのは、神田昌典氏がいうところのイノベーションを引っ提げたブレイクスルーであり、革命と呼んでもいいのかもしれません。SAYURIさんご自身、ステップボーンカットの将来についてどんな絵を描かれているのでしょうか？

SAYURI　大きな視野からということですね。第一にいえるのは、ビダル・サスーンのカットが六〇年間も大した変化もなく続いてきたこと自体が非常におかしなことだと思います。どの分野においても、六〇年も主役であり続ける技術などあり得ないはずです。

それがステップボーンカットに取って代わります。単なるブームではなく、パラダイムシフトしていくことになると思っていますし、それをめざしています。

それから私が恐れているのは、ステップボーンカット技術を捻《ね》じ曲げて解釈されることです。そうならないように、認定制度を確立してランクづけを行い、念には念を入れて、禁止事項もすべて決めてあります。

加藤　人間の髪の毛は生き物です。生き物を扱ってクリエイトする職業は美容師、生け花師、調理師ぐらいではないかというのがＳＡＹＵＲＩさんの持論です。

ＳＡＹＵＲＩ　ちょっと大仰《おおぎょう》にいうと、髪の毛を通じて、美容師とお客様は〝命〟のやり取りをしているわけです。働いている美容師のほうがそう思えば、自然と美容師の地位も向上してくるような気がします。そうすると誇りを持てます。

元来、髪の毛は汚いものとして扱われていたので、美容室は保健所の管轄でした。汚いものを扱う仕事だから、扱いが低かったのです。それが現代になってファッションの世界に含まれるようになったけれど、世の中の扱い的には何も変わっていません。

ヘアスタイルは劇的に変わりました。ところが、基本的なビジネスモデルは一緒なのですよ。この低い地位に甘んじていた美容師の世界に、命のやり取りという認識を吹き込んだときに、大いに価値が上がるのではないでしょうか。ステップボーンカットはそのために生まれてきたのだと思っています。

神田昌典の視点

TICKTOCKは美容室のビジネスモデルのみならず、アカデミー（教室）のビジネスモデル、グッズ販売のビジネスモデルをつくり上げました。さらに海外からの発信をはじめとする、さまざまなブランディング活動を短期間のうちにやり遂げています。

要は、ほんの短期間のうちに新たなTICKTOCKへと生まれ変わってしまったのです。TICKTOCKの事例は今後、日本企業が世界的な競争力をつけていくうえで非常に参考になるはずです。

TICKTOCKは先に取り上げた会宝産業と同様、非常にユニークなプラットフォームを備えています。でも、同社の牛尾早百合さんは業界のなかでは、自分の会社がプラットフォーム型企業とは思っていないのかもしれません。

「SAYURIさんは業界を変革する」と指摘しているのは、国内外で契約する約五五〇店のヘアサロンの美容師たちなのです。

通常のサロンの美容師たちは、ヘアカットの技術力の差別化がしにくい、見えにくいとずっと悩んできました。そこをステップボーンカットは、小顔になりたいという日本人女性のニーズをしっかりと満たしてくれました。結局、美容師たちはT

ICK-TOCKというか、SAYURIさんのおかげで技術の付加価値を上げることに成功したのです。

ステップボーンカットを導入した結果、最低のカット料金をプラス二〇〇〇〜五〇〇〇円程度チャージできるようになったのは大きいと思います。同時に、SAYURIさんのトレーニングを受けた人は、各店舗二人ずつ、検証し合って、ベーシックレベルのステップボーンカットをできるようになっているのです。

じつをいうと、一人が学ぶとそこにいるスタッフの技術も上がり、チャージ料も上げられます。つまり、SAYURIさんは技術力によって手っ取り早く粗利を上げるというビジネスモデルをつくったことになります。

同時に、ステップボーンカットを導入するためには、特殊なローションが必需品です。それで髪を濡らしていないとカットできないからです。

アカデミーとローションとシザーの三点セット。美容室が発展するための、粗利収益率を伸ばすための技術向上と粗利向上のプラットフォームをつくったのも、SAYURIさんでした。

このような明確なプラットフォーム型のビジネスモデルを構築してしまったから、いま、ニューヨークのブルックリンでTICK-TOCKの提携パートナー、代理店の開拓を進められるわけです。

とくにアジアにおいては、短期間のうちにジャカルタ、シンガポール、台北、上海等々、一気にネットワーク化が進展しています。

いまはアメリカのプラットフォーム型企業、先に紹介したウーバーテクノロジーズ、エアビーアンドビー、ネットサーモスタットなどが世界を席巻しています。

日本のプラットフォーム型企業の非常に特異なところは、会宝産業やこのT－CK－TOCKに象徴されるように、教育プログラムをしっかりと組み込んでいることです。この領域については、日本はまだまだいけるのではないかと、私は密《ひそ》かに思っているところです。

第3の
ビジネス戦略

3

数多くの試行錯誤を短期間に積む

アジアでそばレストランを展開
失敗と成功を繰り返しながら新しい業態を模索

ダイタンホールディングス株式会社　代表取締役社長　丹 有樹

複数の常務に店舗運営を任せた分社制経営

立ち食いそばの代表といえば「名代《なだい》 富士そば」（以下、富士そば）。関東圏に暮らすサラリーマン、学生で富士そばを知らない人はまずいないでしょう。

JRや私鉄の駅前、あるいは繁華街の好立地に必ずといっていいほど出店している富士そばには、私は以前から少なからず関心を抱いていました。

一見、何気ない佇《たたず》まいの立ち食いそば店ですが、国内外で一〇〇店以上を展開するためには、おそらく私などには想像もつかない「儲かる仕組み」が構築され、それをブラッシュアップし続けてきたに違いないからです。

富士そばの運営母体「ダイタングループ」に現在の丹有樹《たんゆうき》社長が正式に入社したのは二〇〇三年、二九歳のときでした。丹さんは同社創業者の丹道夫会長の長男。大学卒業後、テニスのイベント会社を先輩と立ち上げ、紆余曲折の末なんとか軌道に乗せてから、初代社長の道夫氏の後継者となるべく取締役として入社します。

入社当時の社内状況を丹さんは述懐します。

「父親が一時期体調を崩していたことから、うちの会社管理の仕組みはけっこう仕上がっていたのです。当時からかなり厳格な分社経営の体制をとっており、直営する五五店舗の管理運営を五人の常務たちに任せていました。

五人の常務がそれぞれの事務所を持ち、店舗を個別経営するシステムです。ですから、僕と会長（父親）は、業務を請け負うことはほとんどなかったのです。常務たちはおしなべて優秀で、大きく改善することはなく、支払いの判子を押すぐらいしかないといった状態になっていました。

したがって、当時の僕の仕事は、各常務に対する確認作業を含めた店回りと、新店舗開発のための物件調査でした。物件調査についてはうちの会社の命綱なので、父親からは、『暇だったら町を歩いていろ、物件を見に行ってこい。それがお前の仕事だ』と叩き込まれました」

社内に変化が出始めたのは、入社五年目あたりからだったといいます。

たまたま五人の常務たちが次々と定年を迎えたのを受けて、新たな常務選びを丹さんを中心に行ったのです。

「二代目としては非常に運がよかったと思います。現在、七人の常務がいますが、全員僕が選んだ人たちで、父親から経営を譲ってもらうにあたって助けとなりました」

常務選びについては道夫会長も参加したのですが、着眼点や人物評、課題は似通っていたといいます。

通常、飲食業を展開する経営者は、とかく店舗数を増やしたがり、成長力イコール出店数の拡大とする、拡大至上主義に陥りがちです。

しかし、父の道夫会長の経営戦略はそうではなかったようです。飲食業は拡大志向にのめり込んでみんな失敗しているというのが口癖で、そんな道夫会長が最も大切にするコンセプトは、「いい物件を取ること」です。

そのためにはお金も労力もかかります。したがって、迷うような物件には極力手を出さないのが賢明です。そのため、「今年は何店舗オープンさせる」などの目標は掲げません。いい物件を取るために、ほかのものには手を出さずに、お金と労力を貯めておこう。いい物件を取るために集中しようという方針が基本コンセプトとして、いまも社内に徹底して受け継がれているといいます。

丹さんはこういいます。

「うちの会社が分社している理由も、このコンセプトを守るためなのです。いい物件を取るためには、一人で必死で物件を探しても限界があるから、常務を増やしたわけです。自分と同じような視点で物件を見る人間を増やして、さまざまなチャンネルから情報を取って吟味しないと、本当にいい物件は取れないという発想です」

出店目標を持たないのも、この基本軸がブレないようにするためなのです。

同社がここまで徹底してコンセプトを貫けるのには、当然ながら、それを裏打ちするバックボーンがあるはずです。それには父親の道夫会長のこれまでの道のりを知る必要があります。

「愛媛県出身の父は上京後、四回も事業に失敗しています。その後、埼玉県川口市で弁当屋を始めてから、友人と不動産業を営み、那須の土地開発で大きく当てました。一時期はプロ野球の球団を持つほど上手くいったようです」

その後は友人と袂《たもと》を分かって、道夫会長はさまざまなビジネスに挑戦しました。ディスコの経営から、うどん屋、ステーキ屋などさまざまな事業をやってみた結果、立ち食いそば屋が一番ビジネスとしてうまくいくのではないかという結論を得て、これに専念をしたという経緯があります。

その後、同社には二〇年ほど新規事業を手がけていない時期がありました。立ち食いそばビジネスがいちばん確かならば、それに特化しよう、ほかのことはやらないでおこうという方針を堅持してきたからです。

従来の価格帯を引き上げられるビジネスをつくり出す

同社には、新店舗物件に関しては二つのルールがあります。なかなか強烈です。

「これはうち独特のシステムかもしれません。先に分社制を採っていると申し上げましたが、各常務が担当して管理運営している店は、エリアには無関係なのです。

新規出店する物件についてもフリーハンド。常務同士が競争して物件を取り合っています。単純なルールとして、ひとつは、その物件を見つけた人が自分で管理をすること。ひとつは、その物件情報をとにかく最初に僕の父親に伝えた人に権利があること。そのシンプルな二つのルールがあるので、基本的には店は常務に紐《ひも》づいています」

丹さんの話を聞いていると、同社が事務所を分けている分だけ、余計な人間がいない会社なのがわかります。基本的には小さな組織のまま大きくなるために動いてきた会社なのです。

一人の常務が管理運営する店舗が二〇店近くにまで増えてくると、管理体制が不安になってきます。それを再度分社化するというスタイルで、最初の五社からいまの七社に増やしています。

「うちの体制は本当にシンプル。分社化されたひとつの会社には常務がいて、経理と事務の女性二人がいて、あとは四、五店舗に一人の係長がいる。もうこの人数しか会社にはいないので、いわゆる人事や総務のような仕事をしている人間は誰もいません。

すべては常務が責任者として、中小企業の社長としての仕事をさせる管理体制なので、たとえば『新規事業をやろう』といったときに、あいつは余っているから応援に行かせるというような人間がいないわけです」

二〇〇八、九年あたりから、丹さんは二つのテーマを意識してきました。ひとつは、アジアでの店舗展開。もうひとつは、そばをより多くの人に食べてもらうためにはどうすべきなのか。その両方をかなり突き詰めて考えていたといいます。当然ながら、この二つのテーマはリンクしています。丹さんは振り返ります。

「日本国内で生き残ることを考え始めたのがちょうどその時期でした。業界のトップ3には残れるだろうとは正直思っていましたが、それをより確実にするためには何をすべきかという視点で物事を見始めたのです」

そんな折、ショッキングなニュースが飛び込んできました。品川駅の改装がなされ、JRがエキュートという施設を開発したのですが、でき上がってみたらテナントとして立ち食いそば屋が一軒も入っていなかったのです。

おしゃれな街づくりのなかから、立ち食いそばは弾かれてしまうのだろうか、その解決策はあるのか、という課題を突きつけられたともいいます。

ここで富士そばに、二〇年ぶりに新事業に挑戦する大きな動機づけが誕生したのです。丹さんは、これはいずれ到来する脱デフレ時代に、同社が「値上げ力」を持つ企業になれるかどうかの試金石にもなるのではないかとも考えました。

具体的には、従来の価格帯である四〇〇〇円前後を、六〇〇〇円、八〇〇〇円に引き上げられるようなビジネスをつくり出すことでした。

丹さんがその頃の心境を語ります。

「別にうちが関係していたわけではないのですが、品川エキュートの件では相当な危機意識を抱きました。立ち食いそばは大丈夫だと思っていても、時代が変われば何が起こるかわからない。そのときから動き始めるのでは遅いから、余力のあるうちにできることはやっておこうと思って、新規事業に着手しました」

出店場所として最初に候補に挙がったのは、店舗が密集しすぎて競合してしまっていた恵比寿地区の富士そばの一店舗でした。そこで、場所柄を考慮して女性客の取り込み、そしてダイタングループの〝世代交代〟をテーマとして打ち出すことにしました。

ところが、やむを得ぬ事情があって、実際に丹さんの新規事業にあてがわれたのは、渋谷の並木橋にある店舗でした。並木橋は若者のみならず雑多な人たちが往来するエリアだけに、再度コンセプトづくりから始めざるを得ませんでした。

失敗で再確認した自社のビジネスモデルのすごさ

丹さんは副社長時代の二〇一二年一〇月、同社二〇年ぶりの新業態の店舗となる「つけ蕎麦　たったん」を渋谷の並木橋交差点にオープンしています。

先に二〇年ぶりに新事業に挑戦する動機づけについて記しましたが、丹さんのなかにはもうひとつ、二〇年間の沈黙を破り、新たな挑戦を始めた理由がありました。

「常務の入れ替わりがあって組織は若返ったのですが、富士そばの成り立ちや、いろいろな事業にトライしていた時代を知っている人たちは皆無になりました。前の常務や社員はそうしたチャレンジの時代を経て、実感を持って立ち食いそばに集中、収斂《しゅうれん》したのです。

けれども、新世代の僕らにはそれがありません。本当に立ち食いそばだけでいいのか、ここはもう一回、違う業態にもチャレンジしておくべきなのではないか。そんな考えが僕のなかにあって、新規事業をやらせてもらいました」

結局、高単価で健康志向の女性をターゲットに定めた「つけ蕎麦　たったん」は三年後の二〇一五年一一月に閉店しています。

「やってみたら、富士そばとはビジネスとしての効率が全然違いました。それとリピーターの確保が難しかったですね」

この結果を丹さんは分析します。

「コンセプトは悪くなかったといまでも思っています。けれども、場所との噛《か》み合わせ、相性はあまりよくなかった。

最初の出店候補地が恵比寿でしたから、女性もターゲットにしてヘルシー志向で『だったん蕎麦』を使うというテーマが先にありました。しかし並木橋に変更になって、今度は若者やサラリーマンも多いので、ボリュームも欲しいみたいな、要は真逆のコンセプトが混ざってしまった。そこですね」

丹さんは続けます。

「それから、富士そばが備えている、お客様を回転させる力や食べさせるものを出すリズムが、『つけ蕎麦　たったん』はすべて真逆でした。集客の仕方も、歴史と知名度のある富士そばとは違って、女性のお客様を呼ぶために広報もしっかりしなければなりませんでした。それで女性客が増えてきたのですが、今度は回転率が落ちてしまいました」

ただ、『つけ蕎麦　たったん』を出店したことで、丹さんはじめ社員全員が気づかされたことは多かったそうです。

「富士そばのビジネスモデルは、お店の売上げを出す、さらに利益を残すということにかけては、本当に仕組みがしっかりしているのですね。『つけ蕎麦　たったん』の実績をチェックしてみて、うちの社員全員があらためて確認できたのは非常に大きかった。

繰り返しになりますが、広報を充実させるためにはお金が飛んでいきましたし、人件費についても富士そばほどシビアにはできません。お皿の種類についても、高級感を出すには陶器が必要でしたが、陶器になると割れてしまうでしょう。

そういう細かいことまで含めて、うちが利益を残せる体質を持っていることを、『つけ蕎麦　たったん』プロジェクトにかかわった人間も、端で見ていた人間も、あらためて確認できました。富士そばを大事に残していくのは、うちの〝生命線〟であることを再確認できた、共有できた。それが総括になります」

丹さんとしては、富士そばの精緻なビジネスモデルの素晴らしさに脱帽するしかなかったわけですが、じつをいえば、それは想定内でした。なぜなら「つけ蕎麦　たったん」プロジェクトの大きな目的には、新業態の立ち上げを通じて、創業者が築いた富士そばビジネスモデルの強さを、次世代を担うマネジメント層がしっかりと理解することがあったからです。

オーナー企業が二代目に事業を承継する局面は非常に難しく、そこで大きく事業が頓挫《とんざ》してしまうことさえ多いなか、富士そばは、新規事業を実験的に、小規模で行うことで、理想的なバトンタッチができたともいえます。

しかもこの経験は、さらに大きなプロジェクトへ挑戦する自信を丹さんに与えたのです。

インドネシアでの失敗がアジア進出の足がかりに

新業態への挑戦をする一方、丹さんはアジアに目を向けていました。間違いなく訪れる日本の人口減を受けて、アジアに新たな拠点をつくるためにもチャレンジが必要でした。

まず頭に浮かんだのが、香港経由での中国大陸への進出でした。

二〇〇九年の香港視察でわかったのは、香港での出店コストが日本と同じくらい高いことでした。私には香港に一〇年以上暮らした経験があるのですが、一番強烈な印象として残っているのは、不動産価格の異様な高さでした。

おそらく丹さんが目星をつけた出店場所は尖沙咀《チムサーチョイ》、銅鑼湾《トンローワン》、金鐘《カムツォン》、中環《ツンワン》あたりの繁華街と推測するのですが、条件によってはニューヨークの五番街並みかそれ以上の賃貸料を払わなければなりません。以前、スターバックス コーヒーの旗艦店を香港に出す際、あまりの家賃の高さに、同社が出店を躊躇《ちゅうちょ》するほどでした。

丹さんはこの時点では、香港経由の中国進出を断念します。けれども、このアクションを起こしたおかげで、アジア進出に向けて事業パートナーとなる人たちと接触することができたといいます。

丹さんがこの時期にアジア出店をめざしたのは、一ドル八〇円台という円高メリットを生かせる為替環境で、出店資金が安くすむこともありました。もちろん基本的にアジアは、これから人口も経済も伸びていくフロンティアとしての魅力を備える投資先です。

攻めるならどこからか？　アジア初出店の場所を考えていた丹さんに、香港でアドバイスを受けていた厨房機器メーカー経由で、インドネシアの話が飛び込んできました。はじめて訪れたインドネシアの様子を丹さんが話します。

「日本食が流行り始めていて、ショッピングモールのなかにもいくつか日本食を出すレストランがありました。ただし、回転寿司以外は、日本のファミレスのような店が多くて、専門店化はこれからという段階でした。だから、タイミング的には悪くないという印象をもちました」

さぬきうどんの「丸亀製麺」もインドネシアに進出するタイミングだったといいます。

丹さんは二〇一三年一〇月、一年半の準備期間をかけて、首都ジャカルタの中心部にあるショッピングモールへの出店を果たしました。東京ならさしずめ日本橋にあたるような中心地で、ジャカルタ最後の開発地といわれたエリアでした。念願の海外一号店でしたが、開業後七カ月で撤退という厳しい結果が待ち受けていました。

「インドネシアへの出店は、残念ながら勝負をさせてもらえなかったという結論ですね。選んだショッピングモールにまったく集客力がなかったからでした。エリアとしては素晴らしいのですが、いざフタを開けてみると、あまりにもひどい渋滞。地元の富裕層が渋滞を嫌って、このエリアには寄りつきません。そんな具合なので、インドネシアについては、まだ、そばが通用するしないの前段階にありますね」

残念ながら、丹さんの会社の最大の強みである物件選びのノウハウを、勝手の違う海外ではまったく発揮できなかったわけです。

三〇〇〇万円の損失を出してしまいましたが、それでもその後の台湾、フィリピンへの進出につながる大きなきっかけをつくることができたと、丹さんはいいます。

「ジャカルタの話にどうして乗ったのかというと、チャンスの〝前髪〟だと思ったからでした。海外を攻めようといっていても、具体的に話が持ち上がってくるケースは少ないものです。海外を攻めたいとお題目を唱えているだけでは、集まってくる情報もフワフワしたものばかり。だから、とにかく一店舗は絶対にアジアに出すべきだという気持ちが僕のなかにあって、ジャカルタへの進出はけっこう強引だったのです。

案の定、ここに出店したことで、『富士そばさん、海外で展開しておられるのですね』といい情報を持っている関係者からアプローチされる頻度が圧倒的に増えましたから、ジャカルタ出店は非常に意味があったと思っています」

ジャカルタ店をオープンさせた二〇一三年一〇月の後半には、台湾三越の関係者からアプローチがあったのです。

「この年末に台湾三越で日本物産展を開催します。イベント会場でそばを出してみませんかといった話でした」

そこで売上げがしっかり立ったので、台湾三越との間で、「台湾で富士そばを一緒に展開しましょう」といったプロジェクトにまで進展していったのです。

フィリピン進出についても、来日中の現地の有力者から直接電話をもらい、「これからフィリピンではうどん、そばが面白いのではないかと思い、いま日本に視察に来ています。すでにあなたのところはジャカルタでもお店をやられているようだし、一度話をお聞きしたい」といわれたのがきっかけになっているといいます。

「現地化」と「本物志向」でメニューを策定

現在ダイタンホールディングスが海外展開しているのは台湾とフィリピンです。両者のマーケット、国民の感性、日本そばに対する親和性などに、どのような違いがあるのかを、丹さんは解説します。

まず四店舗を展開中の台湾については、売上げはそれなりに立っているけれど、利益がなかなか取れていないと明かします。

「撤退したインドネシアでは、『そばとは何なのか？』をお客様にレクチャーするところからのスタートだったのですが、台湾ではそれは省けます。日本そばに対する認知度が非常に高いからです。

ただ、先行して台湾に進出した丸亀製麺が当店の真横で営業しているので、値段的にどうしてもあちら側に引っ張られてしまう。うちとしてはもう二〇円でも三〇円でも値段を上げて出したいものが、けっきょく丸亀製麺さんの同クラスの商品の値段に合わせざるを得ないというジレンマに陥ってしまった。それで利益の点で苦戦しているわけです」

つまり、そばとうどんとの違いをもっとお客様に知ってもらい、そばの価格づけが高めであることを理解してもらわなければなりません。

もうひとつの課題は、仕入れ段階で利益を出すぐらいの仕入れルートの確立と丹さんはいいます。

台北一号店はフードコート内での出店で、券売機こそないものの、日本の富士そばに近いスタイルです。

丸亀製麺との違いを出すためにも、天ぷらそばを出すときに、選んだ天ぷらを別に食べさせる丸亀スタイルに対して、富士そばでは天ぷらの上から汁をかけて食べさせる、日本のままのスタイルをとったら、まったく受け入れられなかったといいます。

「台湾三越の日本物産展に出店したときの売上げが非常によくて、このスタイルでいけるという手応えを持っていたのですが、総スカンを食ってしまい、修正を迫られました」

イベントとして日本からきたものを食べるときとは違って、日常食として食べるときには、台湾の人には強いこだわりがあるのでしょう。丹さんは三カ月目に方針転換を行い、二店舗目からはほぼ丸亀製麺と同じスタイルで天ぷらを提供しています。

台湾人は醤油ベースの汁については薄い味が好みなので、これについても微調整を繰り返したといい、そうした小さなマイナーチェンジは海外ではつきものだそうです。

海外では本当に何がヒットするかわかりません。よく引き合いに出されるのが、現在、アメリカで大流行しているシラタキです。カロリーほぼゼロのシラタキにドレッシングを振りかけてフォークに巻いて食べている様子を見ると、なんか違うなとは思いますが、大人気を博しています。

丹さんがメニューづくりでこだわっているのが、現地化と本物志向だといいます。

「現地化していくのは非常に大事な要素ですが、一方で日本のオフィシャル・フードとしてのプライドも持たなくてはいけない。だから僕は、台湾の連中には、考え方をはっきり分けろといっています。ジャパニーズ・トラディショナルは尊重します。そこは譲れない。けれども、ローカライズしていいものはローカルに合わせていく」

つまり、メニューの二極化をめざすわけです。ここからもっと売上げを伸ばして利益を取っていくために、トンコツ味や鶏白湯《とりパイタン》のスープも出していますが、順調に売れています。いまは日本で出しているカレーライスを売り込み中で、評判はかなりいいそうです。

フィリピンで初めてのFC展開に挑戦

ここで海外出店の経営形態について示しておくと、撤退したインドネシアは直営でしたが、台湾では合弁事業の形をとっています。フィフティー・フィフティーで台湾三越と株を持ち合ってはいますが、相手側には飲食事業の経験に乏《とぼ》しいため、台湾での経営については丹さん側がイニシアティブをとっているといいます。

フィリピンでの展開は、日本でも経験のないFC（フランチャイズ）スタイルです。心なしか丹さんの表情がゆるんだような気がしました。

「はじめにフィリピンのパートナーから、単品の価格帯五〇〇～六〇〇円のレストランスタイル、メニューブックを開いて選ぶ方式でやってみたいとの要望がありました。日本でいうところの、街で見かける小ぎれいなそば屋さんといったイメージでしょうか。うちはそれに乗っかったというのが経緯なのですが、これまでやってきたなかでもっともうまくいっています」

第一号店オープンが昨年の三月で、一年三カ月後の今年の六月にはすでに五店舗の出店を果たしているわけですから、出だしからアクセル全開モードです。しかも、六、七店目の出店も決定ずみで、八号店はセブ島に上陸する計画です。丹さんは、丸二年で一〇店までは伸びる手応えを持っているそうです。

ここまでFC展開がうまくいっている理由は何なのでしょうか？

「大きな要因のひとつは、価格を上げられたことですね。いい換えれば、値段を取りにいくだけの商品を開発して、その価格帯にふさわしいお店づくりができた。パートナー側がそういうふうに仕組んだわけですが、それがものの見事に当たった。

二つ目の要因としては、パートナーとうちの考え方がきわめて近いことです。『飲食店は物件ありき』という感覚がぴったりなのです。彼らはフィリピンで一六〇店舗を持つ有力な飲食チェーンですが自社商品は持っていません。全部FC権を買って展開しているのです。

要は不動産屋の発想そのものです。モールのなかの一番いい場所をとにかく押さえて、そこにFC権を持っている店をどんどん当てはめていく。富士そばもそのラインナップに入っているのです。とにかく物件の獲得力が非常に強力なので、おのずと展開も速くなります。

三つ目の要因は、パートナーが現地の飲食業だったことでしょう。現地の人たちの嗜好を細部まで知悉《ちしつ》しているから、こういうふうにやらせてほしいという意見に説得力があって、しっかりと僕たちに伝わってくるわけです。

フィリピンでの経験から、当然ながら現地のパートナーの吟味が必要ですが、海外の店については、絶対とはいえないものの、FCが有効かなと考えているところです。この三年間をかけて三カ国を攻めて、ようやく海外モデルでの完成形に近いものがひとつできたような感触を得ています」

しかし、ここでもいえるのは、パートナーがいくらパワフルであれ、富士そばに分社制によって連綿と磨き上げてきた緻密な管理力と、本来の味を乱さず、しかもローカルの舌を満足させる対応力が備わっていなければ、成功はおぼつかなかったことでしょう。

パートナーはそれを研究、知悉していたから、丹さんにアプローチをしてきたのではないでしょうか。

そば屋の裾野から頂点までを押さえる

では、フィリピンでの成功を追い風に、一気呵成にアジアの他国に攻め込むかといえば、そうではなさそうです。丹さんは同じアジアでも、国によりＷＩＮ‐ＷＩＮの〝方程式〟が違うといいます。

「フィリピンでうまくいったスタイルがアジアの他国で同じ結果を生むのでしょうか。僕はそれほど簡単ではないと思います。というのは、フィリピンは意外に、『そばって何?』といったところから始まっていない国だったからです。日本人との交流が長い国で、親日の人も多く、そばという食べ物を知っていた。馴染みがあったのです。

だから、フィリピンスタイルをそのままベトナムなどのほかの国に導入してもどうかなと、僕は疑問符をつけています。たしかにフィリピンのFC方式での展開はひとつの完成形に近いものだし、たぶん広げていくスタイルではあると思うけれど、アジアのなかではそばに対する認知度がバラバラなのですね。それには狙いを定めた国に、そばという食べ物に興味を持たせるきっかけになる店を、まずひとつ持たなければなりません。これがいま僕らが直面している課題なのです」

これを聞いて、丹さんは八年ほど前から二つのテーマを意識してきたことを思い出しました。ひとつは、アジアでの店舗展開。もうひとつは、そばをより多くの人に食べてもらうためにはどうすべきかでした。

富士そばの若きリーダーは、自身が掲げた二つのテーマのうちの二つ目に本腰を入れていくつもりです。丹さんは続けます。

「台湾で出店するフードコートは、日本でいうところの立ち食いそばという位置づけだと思います。立ち食いそばは、そば屋のヒエラルキーのなかでは下層であり、値段的にも安い。見方を変えると、そば業界の裾野を支えているのが、うちのような立ち食いそば屋のスタイルなのです。

うちが台湾のフードコートでトライしたのが立ち食いそばですが、なかなか利益を出すのが難しい。一方、フィリピンにおいては、それよりもう一ランク上の価格帯に位置する街のそば屋的な店がうまくいっていています」

丹さんは、そば屋のヒエラルキーの下層、中層の海外展開を経験したことになります。

「そこで、いま僕が考えているのが、そば屋のヒエラルキーの頂点に位置する、たとえば『藪蕎麦』のような手打ち蕎麦の高級店カテゴリーでの海外出店です。これをアジアの富裕層が集まる象徴的な場所であるシンガポールで持つべきではないかと」

しかし、これはそば屋のヒエラルキーの下層、中層をやってみたから、次は頂点をといった単純な積み上げ式による発想ではありません。そば屋の裾野から頂点までを押さえることで、はじめてアジア全域でのパートナー探しができると丹さんが考えているからなのです。それは当然、そばをアジアのより多くの人に食べてもらうことにつながっていきます。

「アジアは世界経済のエンジンとひと口にいっても、実体はまだら模様といってもいいでしょう。そんななかで、これから僕たちはさまざまなパートナーと組んでいくことになります。フードコートモデルから高級店までのカテゴリーすべてをうちでアレンジができるレベルになってはじめて、アジアでパートナー探しができるわけです」

なるほど、フィリピンにおける成功が本物ではない、〝他力本願〞の要素が強かったとする丹さんの〝自覚〞がシンガポール・プロジェクトへ向かわせたのです。

シンガポールの新業態を日本に逆輸入させる

しかし、ヒエラルキーの頂点に位置する、価格帯の高いしっかりとしたそば店を成功させるのはきわめてハードルが高いといわざるを得ません。しかも、今度の出店地は世界の富豪が投資拠点に定める国際金融都市シンガポールです。

「今回ばかりは、自社の力だけでシンガポールに勝負を挑むのはリスクが高すぎます。やはりここでの成功に不可欠となってくるのは、そばを現地で楽しく食べてもらうためのクリエイティビティ能力だと思っています。うちの生命線は徹底した管理にあるのですが、クリエイティブなところを押さえるにはまだまだ非力です。

そのために外部から業態開発のプロフェッショナルを招聘して、彼らとブランドづくりをしっかりやりながら、ヒエラルキーの頂点を押さえたいですね。いまはそれに向かって動いている最中なのです」

ところで、国内での富士そばのイメージはと問われれば、多くの人が「安い」と返すのではないでしょうか。でも、アジア戦略においては、そんな日本のイメージなどにとらわれる必要などさらさらありません。

シンガポールで価格帯の高いそば店で勝負しようとするのも、富士そばは日本の立ち食いのスタイルしかない、そんなイメージから抜け出したいからにほかなりません。

「最終的には、シンガポールでやろうとしている新しい業態を、日本に逆輸入させるという戦略を描いています。シンガポールで一号店を出して、上海や香港に広げてから、そのスタイルを日本の丸ビルあたりに逆輸入する。そうすれば、日本のお客様のイメージも変わるはずです」

さらに丹さんがめざしているのが、海外の投資家や実業家向けのプロデュース事業です。

このところ海外の投資家は極端な金余り状態です。いずれリーマンショック並みの経済危機が襲いかかってくるかもしれない状況下、彼らは株や土地に対する投資にはかなり消極的になっています。

では、どこに投資したがっているのでしょうか？　実業です。なかでも飲食業に進出したがる投資家は多くて、富士そばにもプロデュース案件がいくつも飛び込んできているといいます。それを受けて、いま丹さんは「そばレストランをやりたいのなら富士そばに聞け」と投資家にいわれる状況を実現するために動いています。

アジア地域でそば屋のフルラインナップの完成をめざしているのは、まず富士そばのみでしょう。また、そばをアジアの人たちに浸透させるという〝野望〟を抱いているのも富士そばのみでしょう。野望達成にはシンガポールでの成功は必須条件となります。

これをクリアできれば、二〇二二年を待たずして、富士そばの国内と海外の店舗数は逆転しているはずです。

◎丹有樹氏インタビュー…………［聞き手］加藤鉱

加藤　富士そばのメインの客層は四〇代から五〇代のサラリーマンかと思います。彼らには富士そばブランドはしっかり浸透しているはずですが、次世代を担ってくれるもう少し若い層に対する告知活動はどうされているのですか？

丹　若い層を取り込まなくては、うちの五年後一〇年後が危ういわけですから、SNSでネタを振っておくようにとはいっております。フェイスブックでは僕がテーマを決めて、富士そばの店長、メニュー、キャンペーンの紹介という流れのなかで、これまでうちでボツになった「ボツメニュー」紹介をやったところ、けっこう当たりました。

あとはライターがかかわって、「富士そば×外国人」「富士そば×美人」といった企画ものも導入しています。

ヒット作でいうなら、関西でヒットしていたフレンチフライをそばに乗せるメニューをフェイスブックに出したら、東京にもこれがきたという感じで大変盛り上がりました。

加藤　富士そばの場合、メニュー構成についての全権を店長が持っているそうですね。新メニュー導入についても、申請して承認されれば採用されるわけでしょうか？

丹　各係長と店長である程度の〝揉《も》み〟があって、商品として仕上がったと稟議が上がれば、基本的には通します、どんなものでも。

とにかく、その店舗ではまず売るということを最優先します。僕らがブロックしたことがあるのは海鮮丼だけでした。生ものは申し訳ないけれど、使わせたくないっていって止めた。それ一回きりで、あとは基本的には上がってきた稟議は通す方針です。やってみて売れなかったら、スーッとなくなるだけですから。

加藤　インバウンド用の対策で重視していることは何ですか?

丹　外国人のお客様の来店対応で右往左往するのは現場なので、現場がこれで困ったという情報は吸い上げて、そのつど対応策をつくっているのが現状です。

券売機では、そばなのか、うどんなのか、温かいのか、冷たいのか、その四種類を選択しなければなりません。それ用のプレートや小物を用意して、写真で見て、誰にでもわかるようにしてあります。

外国人のお客様がメニューに困って券売機の前にいたら、外国人専用のメニュー表を渡すことになっています。それは本来五二種類あるメニューを一二程度に絞り込んであります。そこに書いてある番号と券売機の番号は連動しています。

でも、外国人がいちばん好きなメニューはカツ丼なのです。これはダントツで、ずっと変わっていません。

加藤　『つけ蕎麦　たったん』プロジェクトではなかなか当初の思惑どおりに進捗せず、丹社長の挑戦は、さまざまなご苦労があったようです。失敗は想定内だったのでしょうか？

丹　正直いって、わかってはいたけれど挑戦しました。

加藤　しかし、あれがマネジメント承継、世代承継のためのプロジェクトだと考えれば、オーナー系企業としてベストなバトンタッチに映ります。

　さらに海外展開、そのビジネスモデルの逆輸入などと続くわけですが、会社としての課題をどのようにとらえておられますか？

丹　僕はある意味、コンセプトメイクまでしかしていません。そこから先は担当者に任せています。物件開発力はうちの背骨なので当然ですが、たとえば、メニュー開発力にかけてはかなりの力を備えていると思っています。

　それとモノを管理する、オペレーションを組むことについては、やはり富士そばのベースがある分だけ非常に強い。でも、世の中に新しい価値を提供するためのブランドをつくる、それを広報する能力をつけていくのは今後の大きい課題でしょう。

加藤　企業がこれから生き残っていくための大きな要素は、「値上げ力」だと思っています。いまユニクロが苦戦している要因は、二年連続の値上げでした。一回目はなんとかお客様は許してくれたけれど、二回目はさすがに許すことはありませんでした。

丹　うちもそこはとても意識をしています。値段を取れる商品を開発することは、これまでに増して大事になってきます。まさに、いまうちが台湾で苦しんでいる状況がそれですから。

僕がこの会社でやろうとしていることは何かを突き詰めていくと、結局、単価を取りにいきたいわけです。海外展開も同様で、行き着くところはそこなのです。要は、価値を感じてもらえる商品をしっかりつくって売っていく。おそらく二〇二二年へ向けての価値観の方向性としては間違っていないと思っています。

とにかく安いから売れるという売り方を卒業したい。極端な話、かけそば一杯五〇〇円という価格づけをしても、お客様に「安いね」と思ってもらえればいいわけですから。困ってくると、すぐに「そばの大盛り無料をやっていいですか」とか「一〇〇円引きのキャンペーンをやっていいですか」という話が現場から上がってきます。現実としてお金を稼ぐためには、そうした企画は必要なのですが、僕らが考えなければいけないのは、本当はその先で、その価格で喜んでもらえる商品を出し続けることなのです。

神田昌典の視点

「はじめに」にも記したとおり、いまは試行錯誤をどれだけ短期間で積めるかという時代に突入しています。二〇二〇年まで、遅くとも二〇二二年までには、未来にアジャストできるビジネスモデルをつくれるかどうかが、今後の成否の分水嶺《ぶんすいれい》になるのだと私は考えています。

「富士そば」もいくたびか試行錯誤を重ねてきたオーナー系企業です。本文にもインタビューにも触れられている「つけ蕎麦　たったん」プロジェクトについてもう少し深掘りをしてみます。

二〇年ぶりに新業態への挑戦に踏み切ったのは、富士そばの創業者から二代目への事業承継のためにどうしても必要なことだったからです。幹部社員たちとともに、ひとつのプロジェクトを通じて、富士そばの本当の経営の強みを共有しよう、つまり原点に回帰しようという大きな目的がありました。

そうした使命を帯びて同プロジェクトはスタートし、三年後に実験的な店舗はその役割を終えました。この経験で幹部社員はあらためて、富士そばの価格帯、神業的な出店と交渉方法、社員を大切にする文化（給与システムを含めて）を学んだのです。マネジメント承継、世代承継のための原点回帰プロジェクトは、本質的な成功を収めたわけです。

このプロジェクトが原点回帰のためであったことがわかる象徴的な事象があります。いまだに社員寮を持っているように、富士そばはずっと家族というバリューを大切にしてきました。イコールそれは初代・丹道夫会長の原点でもあるからです。

初代は何度も上京して、事業に失敗しています。貧しく寂しい思いをしていたときに立ち寄ったのがうどん屋でした。

真ん中に丸テーブルが置かれていた店は、安い金額でうどんを食べさせていました。丸テーブルに着いた見知らぬ人たちが安らいだ表情で箸《はし》を進めています。

そのときに初代は、地方から出てきたお金に厳しい人たちのための空間をつくりたいと思ったといいます。その初代の気持ちが、富士そばの原点にあったのです。

「つけ蕎麦　たったん」にも丸テーブルが置かれてありました。ここでカリスマである初代オーナー経営者のバリュー、原点をマネジメント全員が共有することになったわけです。

しかし、同プロジェクトにはもうひとつの目的がありました。

私自身、「たったん」はいいコンセプトだと思ったけれども、やはり選択と集中という観点から考えると、「なんで?」となります。ただし、それは日本市場だけを見ていたら、です。

同プロジェクトは海外出店に向けての実験でもあったのです。いきなり海外へ出るのではなくて、まずは国内で新規事業開拓に挑戦して試行錯誤をする手法を選んだのです。

結果、「たったん」のレシピ開発が海外出店するうえでのレシピ開発につながっています。国によりまったく違うものを出す、海外店の商品は単価アップしなければならないとする戦略にもつながっています。

これらが非常に意味のある実験だったのは、その後の富士そばの軌跡をたどればわかります。

それまでは海外への出店は絶対にＮＧでした。それどころかいまだに関東以外に出店していません。しかし、二代目の丹有樹社長（当時は副社長）は富士そばの強さを維持しながら、海外に出店するという実験を始めました。

「たったん」プロジェクト終了後わずか一年の間に二カ国に海外出店をしています。これは外に向かってチャレンジするという新たな文化が、二代目を中心にでき上がったことを物語っています。

海外出店に関しても、富士そばはどこまでがオーケーで、どこからが撤退というラインをじつによくわかっていると思います。学びを終えたら、いったん店を閉じて、そして次のチャンスを待つという賢明さを備えているのです。試行錯誤こそが成功への近道であり、それには実験を重ねるしかありません。

海外においても、家族経営を旨とする富士そばの社風、文化を理解できるところのみとタイアップしていきます。

当然、二代目の資質にもよります。丹さんはきわめて頭のいい人です。通常、オーナー系企業の二代目は、「創業者のオヤジを超えてみせる」と息巻くものです。

ですから、おうおうにして先代とは真逆な方向に経営のかじ取りをすることが多いわけです。その結果、先代と一緒に歩んできた番頭たちと亀裂が生じ、経営がずたずたになってしまうケースが多くあります。最近での典型例は大塚家具でしょう。

丹さんはまったく違っていました。役員のときから、オヤジの優秀さと富士そばのビジネスモデルの緻密さをよく理解していました。

だから、できるかぎり経営に口を出さないようにしていたのです。ちょっとビジネスをかじったぐらいの若造がそれに手をつけてしまえば、緻密に組み上げられた精密時計のような歯車が食い違ってしまうことを知悉していたからです。

富士そばは、オーナー系企業の事業承継がきわめてうまくいった事例ではないでしょうか。

合理的な出店をしながら、また緻密な収益計算が成り立っていながら、そこでの文化は、安定した雇用に基づく〃実験〃というところが際立っている富士そばは、本当にユニークな会社だと思います。

海外店の実験はその延長線上にあるのですが、国内における日々の実験は、店舗ごとにメニュー開発が柔軟に行われることでしょう。各店舗の創意工夫によって行われているので、社員のモチベーションが維持できているのです。

富士そばは自由闊達《かったつ》なる雰囲気を持つ愉快なそば屋だと思います。つまり、そば屋のソニーなのです。

第4のビジネス戦略

4

「Read For Action」によるイノベーターの育成

読書会を通した組織学習によってイノベーションが生まれる土壌を耕す

NTTアドバンステクノロジ株式会社
営業本部営業推進部門ビジネスモデル・WEBマーケティング担当　担当課長
三宅泰世

開発した商品を売る仕組みが社内にない

複雑化・高速化する経営環境のなかで生まれ変わるため、各企業は試行錯誤を繰り返しています。しかし、ここにきてようやくその「解」がクリアになってきたようです。

それは数年前から一部企業で導入されている読書会「Read For Action」を通した組織学習。専門を超えた横断的な知識やスキルを短時間で習得し組織に展開して、行動に結びつけられるとされています。

これでは、まるで「魔法の杖《つえ》」が出現したようで面食らう方がいるかもしれません。

しかし、この手法はかねて神田昌典氏が提唱してきたもので、次世代のイノベーターを育成し、イノベーションを起こし続けられる風土を醸成する切り札ともいわれているのです。

Read For Action 協会のホームページには、次のような紹介文が綴られています。

年齢や、立場の異なる人々が、同じ日に、同じ時間、同じ場所で一冊の本を読み、夢やビジョンを共有できる仲間と出会う。そして、その場での対話を通じて、よりよい未来につながる行動を紡ぎだす――「まちヨミ」は、そうしたコンセプトを持つ、次世代型の勉強会（読書会）です。

「まちヨミ」のヒントは、アメリカ・フィラデルフィアで開催されている、「One Book, One Philadelphia――一冊の本で、フィラデルフィアはひとつに――」という読書イベント。

Read For Action 発起人・神田昌典（経営コンサルタント・作家）が、母校の米国ペンシルバニア大学ウォートン・スクールを訪れた際、副学長から「絶対、君がワクワクするプロジェクトがある」と教えられたもの。

日本でも同じようなイベントができたら「たった一日で、奇跡が起こせる！」と、確信。地域活性の一助になることも願い、スタートしたのが「まちヨミ」なのです。

実際に「Read For Action」を早くから学び、企業におけるファシリテーター（推進）役を担い、実践されてきた人は、どのような手応えを得てきたのでしょうか？　そして、手詰まり感に悩む企業の社員たちにどのような風を吹き込んできたのでしょうか？

そんなテーマを抱えて、私はJR川崎駅にほど近いNTTアドバンステクノロジ株式会社（以下NTT-AT）を訪ねました。

ビジネス書をどっさり抱えて現れたのは、営業本部営業推進部門ビジネスモデル・WEBマーケティング担当のリーダー、担当課長の三宅泰世《たいせい》さんでした。三宅さんがただ者ではないことは、時間が経つにつれてわかってきました。

現在は営業推進部門にいますが、もともとはエンジニア。Bフレッツ光など光通信に欠かせない、光ファイバーをつなげる光コネクターの専門家でした。

光ファイバーは125ミクロンという髪の毛並みの細さですが、その一〇分の一以下の10ミクロンの隙間を光が通ってきて、接続されて、相手方に伝わっていく仕組みなので、ファイバーの先端にゴミが付着すると光が通らなくなります。そこで、光ファイバーの端面をきれいに清掃する必要があります。

三宅さんは光コネクタクリーナに関する研究成果をベースに特許を取得し、商品化に漕《こ》ぎ着けました。しかし、リリース寸前の二〇〇〇年にITバブルが弾けてしまいます。

「これは自分の責任だと受け止め、すべてを一人で引き受けようと考えました。放置された在庫を何とかしようと、ダイレクト・マーケティングとWEBの勉強をして、商品専門のWEBサイトを開設しました。そのWEBサイトで無料の小冊子ダウンロードサービスを提供することで、全国の見込み客の獲得を始めたのです。これに日本中から引き合いがきて、今度はそれに対応するビジネスモデルをつくる必要に迫られ、それもつくり上げました」

なんと三宅さんが開発した、この光コネクタクリーナ事業はわずか一年半で国内シェア五〇％以上を獲得。それが評価され、グループ企業からの営業譲渡へと発展。営業譲渡後の二〇〇四年から一〇年以上世界シェアトップの座を維持し続けているのです。

ここで疑問が生じます。なぜ三宅さんは技術開発した商品のマーケティングやセールスまでこなし、さらに自力でビジネスモデルまで成立させなければならなかったのか？　当の三宅さんも同じ思いに駆られたそうです。

「本来、うちの会社のミッションとは、ＮＴＴ研究所の研究成果を受け取って商品化すること。また、それを受けて必要なマーケティングを行って、適正なビジネスモデルをつくって、お客様のところにお届けすることです。

でも、エンジニアの僕が光コネクタクリーナの件ですべてにわたって奮闘しなければならなかったように、できるのは商品化まで。販売チャンネルをこしらえたり、マーケティングを行ったり、ビジネスモデルを成立させるノウハウやそれらを担う人材が社内にまったく育っていないことを痛感しました」

同社の経営幹部、管理職のほとんどがＮＴＴ研究所の出身のため、三宅さんのような認識に至らなかったのかもしれません。

多様で多層的で多元的な知恵の共有ができる

二〇〇四年に三宅さんは、事業本部から営業推進部門に異動します。ここはオーバーヘッド（管理部門）なので、二〇〇〇人の会社組織の全体を見渡せたといいます。投資案件に対する内容を見ると、案の定、ひたすら技術開発はするけれど、マーケティングやセールスのほうに人とお金が向かっておらず、ビジネスモデルをつくり上げるノウハウも仕組みも社内にできていないことが手に取るようにわかったそうです。当然ながら、三宅さんがチャレンジしたような仕事をする人も出てきません。

二〇〇八年、思い詰めた三宅さんはついにアクションを起こしました。当時の社長を説き伏せて、管理職の面談に出させてもらい、そこで次のような提案をしたのです。

「私はこの光コネクタクリーナを開発したエンジニアであり、同時に同クリーナのビジネスモデルをつくって、この事業を世界のトップに押し上げました。しかし、この会社にはＮＴＴ研究所という世界トップレベルの研究所の技術がもたらされているにもかかわらず、なかなか事業として続くものを送り出せていません。マーケティング力がないからです。

マーケティング力をつけるための専門部署の創設が必要です。私に、人員とお金を預けていただけないでしょうか」

こうした三宅さんの懸命な直訴に対して、当時の社長は理解を示し、三宅さんに社長直下の組織が与えられました。社員が社長に要請して新たな組織ができたのは、今年で設立四〇周年を迎えたNTT-ATの歴史ではじめてのことでした。

ところが、組織を持たせてもらった三宅さんは知識を共有化するために、気に入ったマーケティングの本を部下に渡すのですが、ちっとも読んでくれません。

自分一人がとんがっていても、それを組織に展開して、組織を動かすのは思いのほか難しいものだと、三宅さんは壁にぶち当たってしまいます。

そのときに出合ったのが『ビジネスモデル・ジェネレーション』という本でした。ビジネスは計画からデザインの時代へ移行していくといった理論を柱に、そのツールが詳細に示されています。

「正直なところ、最初、僕は関心がなかった。でも、たまたま参加した読書会で、この本の素晴らしさに気づかされました。そして、読書会というワークショップ『Read For Action』のスタイルに巡り合えたとき、『あっ、これだ』と感じるものがあったわけです」

三宅さんは、「Read For Action」の認定ファシリテーターの資格を取得することを即座に決めたそうです。

大づかみにいえば、知るべきノウハウを、読書会を通して組織学習し、実行に移していくのが企業における「Read For Action」です。三宅さんがなぜ「Read For Action」がいいと思ったのかを語り始めます。

「卑近な話ですが、まずはコスト面です。二〇〇八年のリーマン・ショック以降、うちの会社もそうですが、人材育成や社員研修にあてる予算が大幅に削られました。加えて、研修会社のメニュー自体が、リーマン・ショック以降開発されていないので、いいものがまったく登場してこないわけです。

いわゆる大量生産時代の戦略フレームとかマーケティングの研修に傾斜していて、僕からすると、時代遅れで使い物にならないものばかり。周りの人間を一気に育成して一緒に動けるようにするにはどうしたらいいか？　そこで、はたと気づいたのが、『Read For Action』です。そして、『Read For Action』のコミュニティでは非常にいい本を選奨していることも魅力的でした。

一人のリーディングファシリテーターがいて、参加者を集めてしまえば、必要なのはテキストの書籍代だけです。社員一人に一日の研修を受けさせると一〇万円から十数万円かかりますから、安いものです。

選奨した本一冊を社員に持たせて、朝一〇時集合で午後五時ぐらいまで、僕のところに預けてもらえれば、外で受けさせる研修の内容以上のものが身につくわけです」

三宅さんは、自らがファシリテーターとなった社内の「Read For Action」の模様を具体的に説明します。

「僕が本の読み方をファシリテートし、あとはみんながそれぞれ本を読んで、人に話して、教え合います。

一冊の本をたとえば五人が読みます。集まって来るのは、それぞれまったく異なるバックグラウンドを持つ社員です。現在の技術分野は驚くほど細分化が進んでいて、僕は部品屋でしたが、装置屋、ネットワーク屋もいるし、アプリケーション開発の専門家も、コンサルタントも、セールス担当もいます。オーバーヘッドの総務や財務の社員も来ます」

異なるバックグラウンド、異なる専門を持つ人が一冊の本を共有して、教え合ったときに何が起きるのでしょうか。

「まず、じつに短時間でお互いの視点の〝違い〟がわかります。きれいな言葉でいうと、多様性を体感し、理解し、受け入れていくことが一瞬でできてしまうわけです。これはものすごいことだなと思いました。

同じ本を違う視点の人が読んで、それを人に話したときには、それぞれまったく違うストーリーが出現してくるのです。一冊の本を違う切り口で読むことになるし、違うレイヤーで見ることになるだろうし、違う周波数で見ていくことになるわけです。

本を三〇分かけてみんなで読み、三〇分かけてみんなで話し合って、計一時間ののち、何が起きているでしょうか？　一時間の読書と想いの共有によって、自分以外の四人の違う視点が手に入れられ、きわめて多様で多層的で多元的な知恵の共有ができるのです」

その光景を目《ま》の当たりにしたときに、三宅さんは「これだ！」と心のなかで叫ばずにはいられなかったそうです。

わずか半日で醸成されるチームビルディング

いまの時代、誰かが閃いて新しいビジネスモデルをつくろうと思ったとき、パートナーになってくれるのはまず異業種、異分野の人たちです。社内でも違う専門の人たちをかき集め、社外でもまったく違う専門の人たちをかき集めて、「このお客さんをハッピーにしたいので、一緒に考えて価値をつくろう」という時代になってきました。

神田昌典氏も、「価値は社外でつくられる。一社の中ですべてをつくり出すことは不可能な時代だ」と示しています。

ここからがさらに重要なところなのです、と三宅さんが膝を進めます。

「問題は、そこで何が起きるかです。バラバラの人たちが一堂に会して、みんな最初はハテナ？『えっ、何をするの？』なのです。お互いにバックグラウンドも違うなか、ビジネスモデルをつくるといっても、バラバラの組織で、バラバラのメンバーで、バラバラのプロジェクトチームでは、何も動き出せないでしょう」

チームビルディングやリーダーシップやマネジメントなど、さまざまな手法があるにせよ、そんなことをやっている時間はありません。決められた時間に、決められた予算で、いつまでにこれだけのことをアウトプットしろと、受注した会社はプレッシャーをかけられます。

「それでは中心となる人はどうしたらいいのでしょうか？　これは無茶苦茶にハードルが高いと思います。

僕はこんなとき、最初に『Read For Action』を実施することにしています。実際、NTTグループの仕事でやってみました。

NTTグループで新しい事業を企画するのでイノベーションのコンサルティングを頼むといった話がきました。そのときにはNTTグループの数社のエンジニア、研究者、労務管理など、さまざまなバックグラウンドの専門家が大挙して来られました」

具体的にどう対応したのかを、三宅さんは続けます。

「このビジネスモデルをつくるために必要な知識はだいたい決まっているので、僕のほうで本を選奨しました。先刻話した『ビジネスモデル・ジェネレーション』をはじめ、『禁断のセールスコピーライティング』『ウェブマーケティング』、それにプレゼンテーションとセールスレターの本を加えて、『Read For Action』を三回実施しました」

「Read For Action」に集まってきたメンバーたちのなかには、マーケティングはまったくの門外漢であったり、セールスレターという言葉すら知らないような人もいて、不安がっています。イノベーションをやりたいわけではなくて、たまたま「お前行ってこい」と上司から指名された、やらされ感満載で参加してきた人もいたはずです。

三宅さんはいいます。

「そこで僕はまず、みんなを促します。『この本のここを二分で読んでください』。あるいは、『三分でプレゼンテーションしてください』。時間を細切れにして、参加者に求めるのです。

みんな二、三分間のことであればと、頑張ってやります。初対面だからといって、オドオドもしていられません。『ここにはこういうことが書いてあって』などとしゃべっているうちに時間切れで、『はい、次の人よろしく』と発言の順番を回していくうちに、急速に打ち解けてきます」

同時に、この空間には〝共創〟の関係が形成されてくるのだと、三宅さんはいいます。何かを一緒につくり出すことが当然であるような感覚、そうしたチームビルディングがわずか半日ぐらいで醸成されてくるのだそうです。

チームビルディングの最初の段階で、たいていのプロジェクトリーダーは大変な苦労をさせられます。

「ええ、『Read For Action』を知らない人は無茶苦茶に苦労しているはずですね。この段階でのポテンシャルとエネルギーを高めておかないと、あとが続きませんからね。ここで躓《つまず》くと、つまらない進捗管理を始めて、みんなのやる気を喪失させるといったドツボにはまってしまいます」

だから、彼らに惑わせるタイミングを与えずに、二分、三分の発言の場づくりをどんどん進めていきます。

イノベーション→リーダーシップ→アイディアの創出→ビジネスモデルデザイン→ダイレクト・マーケティング→プレゼンテーション。こんな順番で、イノベーターとして知るべきノウハウを「Read For Action」を通して組織学習し、終了後に参加者は

「Read For Action」で使った本をもらいます。

「これは参加者側からすると無茶苦茶に美味しい話なのですね。まず本がもらえる。この本の内容については、もうひと通り全部読んで知っています。

彼らはそれを使うという体験をすでに始めているわけです。違う会社やはじめて会った人たちと一瞬で仲良くなって、新しいことをつくり上げるという流れのなかにダーッと入ってしまっている。この現象は、僕がファシリテーターを何度やっても面白い経験だったというか、醍醐味《だいごみ》ですね」

そして参加した人たちには、別のメリットもあります。学習意欲の旺盛な企業人にとって、いまの情報の洪水は有難迷惑です。本屋に出向いても、どの本を読んでいいのかわかりません。

「その点、『Read For Action』は協会の目利きの選奨書があるし、使用する本が甲乙つけがたい場合には、協会に再度選奨してもらっています。それを僕の経験値とノウハウに合わせて、提供する順番を熟考します。だから、まず間違いなくいい本に出合えて、しかも会社のお金でもらえて、読めて使う方法があって、それを現場の仕事に使っているわけで、これはどんなビジネススクールに行くよりも満足できます」

個々が抱える問題、課題、目的を共有する

選奨された本を読んだ参加者に、それぞれ理解度のバラツキや濃淡がありはしないか、という私の問いかけに対して、三宅さんはこう返します。

「こちら側からすると、この本を参加者にこれぐらい理解して欲しいというモノサシは持ちません。『Read For Action』の特徴は、まずは『自分の抱える問題はこれで、課題はこれです』『いまの自分の目的はこれです』といったことを、個々にシンプルに付箋紙《ふせん》に書いてもらい、それをみんなで共有するのですね。

思い起こしてみると、そこに書かれた問題、課題、目的はだいたいズレていなかったと思います。むしろ自分からいったものを付箋に書いてコミットしているし、みんなも同じような悩みを抱えているので、非常に高いモチベーションを持って、解決策を習得、共有できるわけです。

そして『Read For Action』のプログラムの最後には、各自が今日達成できたことを明日から実行しよう。そして達成できなかったことは何だったのかを確認し合います。さらに、それを達成するためにはどうするのかを、プレゼンテーションします。

そうすると、この『Read For Action』のワークショップが始まる前に想定していた状態の一二〇%どころではない高みにいるのを実感できるのです。こちらが期待しているレベルよりもはるかに上にいっていることが多いので、理解してくれたくれなかったという次元を跳び越えてしまっているのです」

人によって学習の仕方、しやすさの違いはあるでしょう。自分で本を読んで、それで理解して、行動に移せるタイプの人もいますし、人から話をしてもらったほうが学習しやすい人もいます。実際に自分で行動してみてはじめて、本に書いてあることがわかったという人もいるでしょう。

「『Read For Action』の特徴は、読むし、聞くし、やってみるわけです。不思議なことに、落ちこぼれが出ません。必ずどれかで凹凸《おうとつ》がならされていい感じになっているのです。

『自分で読んでもさっぱりわかりません』とサジを投げ気味の人には、読み聞かせをします。経験上、なかなかの効果を発揮します。最後には実践で、たとえばセールスレターを書いてもらうのです」

管理偏重主義を打ち破るメソッドとして

ここまでの三宅さんの話は非常に理解しやすかったけれど、待てよと私は思いました。いま三宅さんが例に挙げているのは、ＮＴＴグループのさまざまなバックグラウンドを持つ専門家が「Read For Action」に参集したときのことです。

もともとクオリティ、ポテンシャルの高い人たちが来ていたので大団円に終わったということはないのでしょうか。三宅さんが微笑みながらいいます。

「僕もそう思っていました。でも、それは違いますね。重要なのは、いま会社のなかで何が起こっているかです。

とくに大企業の場合、組織構造はレイヤー化（階層化）され、さらに縦割りになり、単位ごとに業務範囲・責任規定が設けられています。極端なところになると、個々人が一五分単位で管理されることもあり、決められた業務以外の領域の情報共有や組織学習ができないという管理偏重になっています。

そうすると、そのように管理されている人はどうなるでしょうか？　隣の人と話をしなくなります。ひたすら上の人間が管理をするので、ものすごく孤立化するのですね」

一方、マネージャー側は与えられたプロジェクトを終了させるまでは個々人をきちんと管理しなければならないので、工場のベルトコンベヤーのような仕組みになってしまっているようです。では、ベルトコンベヤーに載せられている人たちには新しいものを学習する機会は与えられているのでしょうか?

「ないですよ。学習機会もなくなっていくし、ほかの人との情報共有も、定型化された会議のなかで、ただ義務としての『報告』をするだけになっています。この情報をもとに何か新しいものが出てくるといった組織構造になっていないわけです」

そして管理する側は、壮大な管理偏重主義に陥ってしまっているようです。

先刻、私が考えたようにいまの大企業に勤める人たちは概して、作業労働者としてはクオリティ、ポテンシャルが高い。ただしそれは、上司からいわれたこと、期待されている作業を時間どおりに正確にアウトプットするというレベルです。

けれども、時代のページがめくられるなかで求められるのは、雪崩《なだれ》を打つような変化に適応できるだけの知識や柔軟性や創造性、コミュニティをつくって何か新しいことができる人材です。

三宅さんが指摘するのは、いまの大企業の仕組みのなかではそのような人材を育成するための職業経験が得られないということなのです。

いまや世界標準のプロジェクト・マネジメント技法が〝多言語化〟され、世界中に提供されています。それで起こったのが、極端なコストダウン追求の流れです。これがグローバル化の正体で、労賃の安い国にプロジェクトを根こそぎ持っていかれてしまう流れができ上がってしまいました。

そんな環境下で、企業側が最重要課題として取り組まなければならないのはイノベーションにほかなりません。でも、日本のほとんどの企業はイノベーターの育成はしていないし、その手法を見つけられないでいます。三宅さんはいいます。

「それでは『スタンフォード大学のd.schoolでも行きますか』という話になりますが、無理ですよね。

僕の〝解〟は『Read For Action』なのです。その時代、その瞬間に必要な知識をみんなで学習し、共有し、もうとにかく動いてしまえばいいのです。

それも社内の人間だけではなくて、関連しそうな人たちを集めて、選奨本を媒介に、『いま、どういうことが起きているのか』『どうすればいいのだろう』というテーマで話し合うのです。それも先刻いったように、〝強制的〟に。『では、これを三分で話し合ってください』『五分差し上げますから、アイディア出してください』とね。

いままで管理のなかに閉じこもっていた人たちを解き放って、その人たちのなかにある知恵を持ち寄って、新しい未来を創造していく動きに持っていこうとしたとき、『Read For Action』の手法は最強だと思います」

三宅さんは自分が率いるチームに対しても、「Read For Action」を実行しています。ある期間、毎週月曜日の朝一時間半かけて、「Read For Action」を続けていたそうです。一定期間続けると、チームにどのような変化が現れたのでしょうか？

「学習して、お互いに共同関係ができ上がったので、リーダーの僕がいなくても、次はこれをやろうとお互いに話し合って、プランづくりをし、アイディアを出し合うなどどんどん自発的に動いていています」

三宅さんの部署はＷＥＢマーケティングを担当しているので、社内のさまざまな部署から、新商品の売り込みに関する相談がきます。それに対して、部下たちは技術的なことは当然、ビジネスモデル的なことまで含めて、オールラウンドで解決していくので、三宅さん自身がびっくりしているといいます。

「もともと彼らはエンジニアとしてこの会社に入ってきた人たちです。その彼らがマーケティングやビジネスモデルの本をチームで学習したために、あっという間に広範囲なマーケティング、プロモーション、ビジネスモデルのコンサルティングができるようになったわけです」

いまではコンサルティングの枠を飛び越えて、自ら制作し、発信して、集客までこなしてしまう仕組みがほぼでき上がりつつあるそうです。これが現実に起こっていることなのです。

知恵を化学反応させて新しいものを生み出す

「Read For Action」は社内のどのセクションに導入しても効果を発揮しますが、三宅さんはより大きなインパクトを望むならば、各事業部を統括するオーバーヘッドへの導入を推奨します。

「社内研修に入れてしまうのが、いちばんパワフルだと思います。社内研修に入れてしまえば、もう社外の研修は不要です。よほど専門的な技術研修でなければ、『Read For Action』はその企業内にファシリテーターを育てられるし、組織の壁を越えた共創環境、共働環境ができるし、社内からイノベーションを起こしやすくなります。そして、社外と組んだときも、ものすごく動きやすくなります」

一般社団法人ビジネスモデルイノベーション協会の理事も務める三宅さんは、コンサルティングを頼まれることが非常に多いといいます。コンサルティングをする際にいつも留意していることを三宅さんが明かします。

「話の主導権を握ってしまったり、自分のいうとおりにしなさいなどというのは駄目ですよね。でも、世の中にはそういう駄目なコンサルタントがけっこういます。

ところが、『Read For Action』を意図した順番で選奨本を媒介にしてワークショップを開くだけで、お客さんの困り事をすべてお客さん自身が解決し、お客さん自身がその問題の解決策をどうするのか創案し、実行していく例が本当に多くあるのです」

以前なら、コンサルタントが手間暇かけて全部プログラムを考案して、分厚い資料を作成して、数千万円のインボイスが企業側に送られてくるところです。

「コンサルタントという仕事を否定する気はさらさらありません。しかし、しょせんその人の脳ミソのなかの方法論でしかないと思ってしまいます。けれども、『Read For Action』に二〇人集まれば、二〇人分の問題、課題、目的がそれぞれあるわけで、知りたいこともあるわけで、多種多様です」

それをコンサルタントのいうとおりにやれというのは、いまの時代には合わないのだと、三宅さんはいうのです。神田昌典氏は著書のなかで、「コンサルタントは結果を出さなければ社会のゴミ」とまでいっていたけれど、私もそう思っています。

集まってくれた人たちが自ら学習をし、理解をし、行動に移していき、人の変容が同時に組織を変えていくのは究極のリアクションともいえるでしょう。それを「Read For Action」はもたらしています。それをもって三宅さんは「Read For Action」によるソリューションはベターではなく、ベストだと断言しているのです。

さらに三宅さんは「Read For Action」は、未来が出現する共通のプラットフォーム（基盤）のような存在だともいいます。

その共通のプラットフォームの上に、選奨本を並べて、「世の中にはこんな優れた本がありますす」「この専門分野ではこの順番で読んでいけばいい」とデザインできる人が揃っていれば、理想的です。組織や世代や専門を超越して、多種多様な人たちが集まって新しいことをやっていけます。

問題が起きたときには、お互いの過去からの経験値と新しく学んだ新しい知恵を、自分のなかだけでなく、さまざまな人たちと同時に〝化学反応〟を起こして、一気に新しいものを生み出す。それができるプラットフォームだと、三宅さんは考えているのです。

次世代がイノベーションを起こす土壌をつくる

先に「Read For Action」を導入する部署について聞きました。今度は、参加してもらって、最も成果が上がりそうな対象者について聞いてみました。

「企業の内部でいえば、たぶん三〇代の後半から四〇代ぐらいの中間管理職、ミドル層でしょう。つまり、僕らの世代ですね。ここは上の層が厚かったので、キャリアの面では頭打ちを食らっている世代で、たいていは役員にも執行役員にもなれずに終わっていきます。そもそもポストがありません。

それではポストが空いたらすぐに経営ができますか？　無理でしょう。そんな訓練も教育も受けていません。それでは何ができますかと聞かれると、僕らの世代の経験値は、じつは使えないのです。先刻もいいましたが、僕のような部品専門エンジニアは、アプリケーションをつくれないので、まったく使い物になりません」

そうなると、三〇代の後半から四〇代ぐらいの中間管理職たちは、組織のなかで何をすればいいのでしょうか？　三宅さんはいいます。

「僕らの世代のミッションは、次世代のなかから新しい価値創造、イノベーションを起こしていく土壌づくりです。イノベーション、インベンションのインフラをつくる必要があります。

僕らはバブル期に入社したクチですから、二〇代、三〇代に楽しい時間を過ごしてきましたが、これから先は、僕らほど恵まれることのなかった二〇代や三〇代の若手が頑張らないと、新しいビジネスは芽吹いてきません。それを考えたら、僕らの世代がやるべきことは、次世代のためにイノベーションのインフラを、プラットフォームを、環境をつくるしかありません。僕自身は次の世代にイノベーションを起こして欲しいし、それが彼らの幸せにつながると思うからです。

もうひとつ、僕は出版業界に恩があります。電子ブックも持っていますが、やはり紙の本のほうがしっくりきます。トータルで考えたときに、紙の本は残すべきだと思うし、『Read For Action』でこれから紙の本を活用するのは二〇代、三〇代の人たちですから」

もうひとつ、企業が「Read For Action」を研修に導入する際のメリットを三宅さんが指摘します。私などは、これこそが日本の企業に必要なのではないかと思いました。

「『Read For Action』のファシリテーターをやっていて強く感じるのは、安全性ですね。悪意が入らない。自分だけよくなってやろうとか、自分だけで儲けてやろうとかいったエゴが働かないという意味です。ひょっとしたら、『Read For Action』の〝本質的〟な価値はそこにあるのかもしれません」

企業内の組織人には、どうしても権限や人間や予算を目一杯欲しがる習性が、根深いところにOSレベルで搭載されている気がします。これは集団になれば必然的に起こってしまう現象なのでしょうが、三宅さんは「Read For Action」を実践するなかでは、そうした企業人としてのエゴがまったく働かないといいます。三宅さんは続けます。

「そこが素晴らしいのですよ。『Read For Action』の場では、『自分は』というエゴが発生してこないのです。なぜなら、発言は二分、三分で切っていってしまうし、自分の問題、課題、目的は付箋紙にごく簡潔に書くしかありません。みんな平等に与えられる時間、空間のなかではエゴが現れないわけです。そこにはきわめて良質な循環が起きています」

とりわけ二〇代、三〇代の参加者にそれが顕著に現れるのだといいます。

「この世代は、物事をシェアすることを当たり前にできます。たとえばの話、ここに一兆円あるとして、どこにどういうお金の流し方をすればみんながハッピーになれるのか。それを本当に真面目にやれるのは、この世代でしょう」

深い信頼に基づいたコミュニケーションの場

「Read For Action」がエゴを働かさない取り組みなら、企業内のエシックス（倫理観）にも少なからず影響をもたらすような気がします。

「Read For Action」の場は、人間に対する信頼感がベースで成り立っている場です。逆に、いまの大企業のマネジメントスタイルは、従来の組織の分断を起こしているし、人の分裂を生み出している仕組みになっているといえます。

三宅さんが大企業は効率を求めるあまり管理偏重構造になったと言及していましたが、外部環境が変わらなければ、これでもよかったのかもしれません。でも、いまはこの構造は圧倒的に害のほうが大きいのです。変化が起きたときに必ず歪みが起きます。そして、その歪みをどこに持っていくのかという悪循環が発生します。なぜでしょうか？　三宅さんは答えます。

「それは組織の構造が見えているので、各ブロックの機能がわかるからです。そうすると、その歪みを一番押し込みやすいのはどこだろうと、組織内の善意の顔をした悪魔たちが一瞬で見抜いて動きます。自分が現ポストにいるタイムリミットから逆算して、企業から離脱するのです。その直後に、事件がドカーンと表沙汰になったりしますが、組織自体がどうしてもそういう問題を引き起こしやすい構造になっています」

こうした旧態依然とした組織構造のなかに「Read For Action」を持ち込んだときに何が起こるのでしょうか？

「組織のサイロ化が起き、お互いを分断・隔離するような構造に置かれた瞬間、人間には不信感、猜疑心が絶対に出てきます。すると、問題が起きたときに、サイロ化された組織は部分最適に走って、組織のさらなる分断化を招きます。

世の中で頻発している企業の不祥事の八割程度は組織構造が元凶となっているのではないでしょうか。組織人には、自分の組織を守りたい、自分のポジションを守りたいというOSが搭載されていますから。

深い信頼に基づいたコミュニケーション学習の場を提供しておけば、組織の不祥事は起こらないと思います。起こしようがなくなるからです。

発生する問題は往々にして矛盾を孕《はら》んでいるので、正解がありません。そんなときに、管理規定やレイヤーや役割に基づいて杓子《しゃくし》定規にやっていては駄目なのです。『Read For Action』の要領で、みんなで頭を突っ込んで、一気に結論を導き出すことです。それを繰り返すしかありません」

イノベーションを起こすにも最適で、組織内の問題を解決していくことにもどんどん使える「Read For Action」。本の威力と魅力をあらためて引き出してくれ、そして未来が出現する共通のプラットフォームとしての可能性を持つこの取り組みの拡大を、出版業界にいる人間としては願わざるを得ません。

◎三宅泰世氏インタビュー…………［聞き手］加藤鉱

加藤　私も「Read For Action」については、ある程度は知っていたのですが、ここまで緻密に本が選奨されて、それがプログラム化されているとは知りませんでした。

三宅　フェイスブックではけっこういっているのですけれど、わかっている人はまだまだ少ないですね。僕自身、発明から事業を立ち上げ、ビジネスモデルを僕がつくって、その事業がいまだに世界トップシェアを取り続けています。うちの会社には、僕よりいい学歴で、いいポストにいて、予算と人を抱えている人たちがたくさんいるのに、僕に続く人は誰もいません。それが僕には解せなかった。

いまやエンジニアの寿命は非常に短くなっています。光ファイバー、光コネクタのエンジニアの寿命は、じつは日本国内では二〇〇〇年あたりで終わってしまいました。インフラが整えば、それまで研究で頑張ってきた人は不要になるのみです。

加藤　三宅さんご自身、キャリアチェンジをしなければいけなかったということですか？

三宅　そうです。そのとき僕は、新しい事業を起こした経験知とそのノウハウを、フェイストゥーフェイスではなく伝えていくためにはどうしたらいいかを真剣に考えました。

やはり、それは本を並べていくことにつきるという結論にたどり着きました。人を集めて、その人たちと一緒に本を地図にした知性の探検を体験するのです。その人たちが一人ひとり違う現場に戻っていっても、その体験は残ります。そして、その人の机の上には探検に誘い、寄り添ってくれた本たちが並んでいるわけです。だから、その気になれば探検が再現できます。

加藤　少し前に川崎市経済労働局からの依頼で、川崎ビジネス・インキュベーションセンター（ＫＩＢＭ）向けに「Read For Action」を使ったワークショップを開催されたとお聞きしました。

三宅　異なる企業から一二名の参加がありました。このインキュベーションセンターがいちばん願っていることはオープンイノベーションなのです。ここに入居する企業同士が協力をし合って、何か新しい価値が生まれて、どこかのセグメントのお客様に、価値提案や商品サービスを提供していけるビジネスが生まれることです。ここの中核的組織はＫＩＢＭの基礎研究所です。

加藤　例によって、付箋紙に自分の課題、問題を書いてもらったわけですね。

三宅　そうです。各人のお客様を書き出して、このお客様のニーズとフリクション、困り事ですね。フリクションとなった原因をどんどん書き出してもらいました。このフリクションを解決するためのアイディアをみんなで考えて、書いたものを付箋紙に貼って、グルグル回して共有するのです。

参集したある人はコンピュータの専門家だったり、ある人は創薬の専門家だったり、ある人はナノレベルの微細加工の専門家だったりで、すごいことが起きました。

「このお客様はこんなことで困っているのか。それはこうしたらいい」とか、「うちの技術でこれをなんとかしてあげられます」といった会話がどんどん展開されたのです。

加藤 川崎市としては箱ものはつくった。肝心の新しいビジネスを起こそうとしたけれど、なかなかしんどかった。その問題を「Read For Action」が一気に解決できる可能性を示したわけですね。

三宅 そうです、そういうコミュニケーションが発生するわけですよ。これもやっぱり「Read For Action」の場づくりの威力だと思います。

加藤 もし万が一、「Read For Action」に副作用があるとすれば、それは何でしょうか？

三宅 管理強化が構造化したものは障壁になります。よかれと思ってつくってきたマネジメント手法、組織のデザインが、もう完全に過去の遺物というか、遺産になってしまいました。これは神田昌典さんが予言しているように、「組織は一度死ぬ」ということです。まさに死ぬ構造になっているのです。

そこを超えていこうとするときに、「Read For Action」は最強だと思います。なぜ最強なのでしょうか？　おそらく副作用がないからです。

あるとするならば、組織の下のほうの人たちが目覚めてしまって、上の層の人たちがちょっと恐怖に感じることぐらいでしょう。でも、上層の人たちには、もうそんなに時間は残されてないのですから、遠慮なくやったほうがいいのです。なにも怖がる必要はありません。

神田昌典の視点

「Read For Action」のリードファシリテーターでもある三宅泰世さんが取り組んだのは、ひと言でいえば、有能な人の再活性化でした。そして三宅さんは、学習する環境を変えれば、大きな能力を発揮できることを証明してみせたのです。

三宅さんの会社は、優れた技術シーズを持つにもかかわらず、マーケット・営業部門が弱いがゆえに、技術シーズを顧客ニーズと組み合わせられないというジレンマに陥っていました。

そんななか三宅さんは、読書を媒介としたきわめて単純なミーティングを行うことによって、レイヤー化し、管理偏重となった事業部署間のコミュニケーション、意思疎通をスムーズにすることに成功しました。

アメリカにアップルの子会社でＩｏＴのさきがけとなったネットサーモスタットという会社があります。同社はグーグルに三〇〇〇億円で買収されています。

同社のサーモスタット（温度調節装置）は、アメリカ国内で二〇〇万個も売れているそうですが、それにしても、なぜサーモスタットという成熟技術に三〇〇〇億円もの価値がついたのでしょうか？

このサーモスタットに換えると、電気代節約により、一年後には購入金額、約二万円を回収できるそうです。でも、電気代を節約するのであれば、日本製のエアコンに換えたほうがよほど節約になります。にもかかわらず、なぜ三〇〇〇億円もの買収価格がつくのかといえば、ＩｏＴに価値を見いだしているからです。

サーモスタットを入れることによって、何時何分にどのぐらいの人がいて、どのぐらいの温度調整をするのか、その部屋のなかで何が起こっていたのか等々、部屋のなかのデータをすべて入手できます。

これからグーグルがやろうとしているＩｏＴの試みとは、ユーザーの生活環境を熟知し、アルゴリズムを活用した、ユーザーにとって理想的な温度設定を行うというものです。この陣頭指揮を執っているのがアップルの上級副社長だったエンジニアなのです。

ここで三宅さんの話に戻ります。

日本の会社には技術の山が埋もれています。サーモスタットをはるかに超える技術がありながら、それが全世界のビジネスの向かう先や消費者ニーズに結びつけられていません。ビジネスモデルとして組み上げられるというところがありません。

それに対する経験がまだ浅いゆえに、ビジネスが埋もれてしまっているわけです。

そんな状況下、コンサルタントが外部から企業に入っていくアプローチではなく、内部から本当に世代と分野を超えた議論をするために活動し始めたのが三宅さんということになります。

埋もれていた宝を発掘する作業を内部からやり始めたというところに、際立った革新性が見て取れます。三宅さんは、さまざまな技術シーズを組み合わせるためのコミュニケーションのシンプル化を図ることに成功したのです。

第5の
ビジネス戦略

5

業界をブレイクスルーする技術を開発する

麹菌に秘められた力を追究し
養豚業の改革を進め、健康産業にも参入

株式会社源麹研究所　代表取締役
山元正博

世界の養豚業者を救う「麹リキッドフィード技術」

鹿児島空港と目と鼻の先に、麹とチェコと焼酎のテーマパーク「バレル・バレー　プラハ＆GEN」があります。

巨大な一升瓶《いっしょうびん》をかたどった入り口をくぐると、薩摩焼酎の歴史を学べるコーナーと、観光工場が待ち受けています。工場はすべてガラス張りで、焼酎造りの工程や熟成の様子が見学できます。

隣接する通称チェコ村は、日本唯一のチェコ・テーマパーク。プラハ城内の黄金小路を模して設計され、屋根瓦も床板も木製のドアもすべてチェコの資材が使われるといった凝りよう。

そしてこの敷地内に、「麹」に魅せられた麹屋三代目の山元正博社長が、一五年の歳月をかけ、秘められた麹の力を探し出した研究拠点が併設されています。

己のすべての欲望を滅して、命がけでその道を究めることを〝求道《ぐどう》〟と呼びますが、山元さんと少し話をしてみた時点で、私は久しぶりに本物の〝求道者〟に出会えた幸運を感じました。

いま日本中、いや世界中で大きな社会問題になっているのが養豚業の悪臭です。二〇一二年にはチリで、豚舎が臭いという理由から住民と警察が衝突する大暴動が起きています し、日本においても、養豚場が発する悪臭被害に対して各地で住民運動が起きています。この問題を解決しないかぎり、世界の養豚業の将来はないといっても差し支えないでしょう。そんな養豚業者が抱える難問をブレイクスルーする救世主がついに現れました。山元さんが一五年の歳月をかけて研究開発に成功した「麹リキッドフィード技術」です。

これは大づかみにいうと、山元さんの祖父が発見した「河内菌黒麹」を使って発酵させた液状飼料を豚に食べさせるというもの。

山元さんが具体的に説明してくれます。

「水八〇％、配合飼料二〇％。これを殺菌したあとで、私の祖父が発見した黒麹を入れて、二四時間発酵させる。麹の出す酵素でドロドロに溶けたものを、豚に一日に六リットルから七リットル与えることで素晴らしい結果が出ます。

まず餌代の節約になります。二〇％から二三％の節約ができ、豚の成長は逆に四〇％ほど速くなります。通常、豚の一日当たりの増体重は五五〇グラム程度ですが、この技術を使って、同じ状況で比較すると七五〇グラムも太ることがわかっています」

商売でいうと、回転率が四割上がる一方でコストが下がるという、嘘《うそ》みたいなことが起こっているというのです。

「臭いもしなくなります。麹は大量の酵素を生産します。人間が生命を維持するのに必要な酵素の七割は麹が生産しているといわれるほどです。豚の体内でも非常に活発に酵素が働き、糞《ふん》の未消化物が出なくなります。その結果、糞が異常発酵（腐敗）することがなくなることから、豚舎の臭いが激減するのです」

先に述べたように、昨今、日本のみならず世界中で豚小屋は臭くて鼻つまみものとなっています。ところが、山元さんの開発した「麹リキッドフィード技術」を採用すると、悪臭が激減、カラスの好きな腐敗臭が消滅するため、カラスが一羽もいない豚舎になるそうです。

酵素の働きで豚の死亡率が激減する

「さらに、豚が病気をしなくなります。鹿児島県内で豚の事故率、つまり死亡率は平均して一二～一三%で、ひどいところは二〇%にもなります。一〇〇頭いて出荷までに二〇頭が死んでしまうのでは商売になりません。ところが、うちの技術を採用すると、死亡率が一〜一・五％に激減します。

加えて、ＰＥＤという病気にかからなくなります。ＰＥＤは乳児期の子豚に特有のウイルス性の下痢で、これにかかると一〇〇％死ぬといわれています。すでにアメリカでは七〇〇万頭、日本でも二〇万頭以上が死んでいます。ところが、麹リキッドを食べさせた子豚はＰＥＤにかからなくなるのです」

つまり、「麹リキッドフィード技術」を採用すると、餌代が節約できて、薬代がいらなくなって、回転率が向上して、なおかつ豚舎の最大の課題であった悪臭が消えるわけです。

さらに、もうひとつ利点があるといいます。

「麹リキッドを食べた豚の糞尿には麹菌が生育していて、すぐに発酵が始まります。この結果、堆肥の臭いがしない。悪臭がないのです。そして、でき上がった堆肥の効果が素晴らしいのです。

周辺の茶畑はすべてうちが供給した堆肥を使っているのですが、葉の生長率が凄《すさ》まじく速い。そばが通常の一・五倍、パプリカや茶葉もおおよそ五割増し。だから、うちの豚舎から出る堆肥はすぐ売り切れてしまいます。

豚しゃぶの残り汁からは、普通はアクがたくさん出ますが、麹を食べさせた豚の肉からはほとんど出なくなります。肉質も断然よくなる。その肉にはストレスフリーで麹菌由来のビタミンEが大量に含まれているからです」

以上のような奇跡の技術が、山元さんが開発した「麹リキッドフィード技術」なのです。

「麹リキッドフィード技術」は大手食品メーカーにも刺激を与えました。いま山元さんは、大手ハムメーカーの関連会社からの要請で、豚舎が堆肥製造工場にもなる、八〇〇〇頭を肥育する豚舎プロジェクトを手がけています。

場所は鹿児島県鹿屋《かのや》市。このプロジェクトに長年豚舎の悪臭問題に悩んできた鹿屋市、ならびに鹿児島県が熱い視線を送っているといいます。

TPPから日本の農家を守るために

日本国内では、豚の餌として毎年六〇〇万トンの配合飼料が消費されています。配合飼料の内容のほとんどはトウモロコシです。山元さんはこういいます。

「私のところの技術を使えば、最低で見積もっても年間一二〇万トンのトウモロコシが不要になる。世界全体ではこの約一〇〇倍だから、年間約一億二〇〇〇万トンのトウモロコシが世界でいらなくなる。つまり、それだけのものを貧しい人たちに回せるわけです」

人間が食べればいいものを、家畜に食べさせるから食料不足を招いてしまうわけで、「麹リキッドフィード技術」とはそれを解決できる非常にスケールの大きい技術なのです。

名古屋大学の奥村純一名誉教授は山元さんの「麹リキッドフィード技術」を快挙だとし、畜産業界誌向けのレポートにこう書いています。

「日本発の世界に誇れる畜産技術としては、これまでに雛《ひな》の鑑別法があった。これはお尻を見て雌か雄かがわかる鑑別法。それを継ぐのがこの『麹リキッドフィード技術』である」

ところが、「麹リキッドフィード技術」が広がることで、困る人がいっぱい出てくると山元さんはいいます。

「この技術のおかげで、豚舎の餌代は信じられないほど安くすむし、薬をまったく使わなくても、豚が死にません」

すると、多大な影響を受けるのは飼料業界と薬業界ということになるので、いまはそれらの業界と融和を図るビジネスモデルを検討中だそうです。

二〇一六年四月、アメリカの穀物メジャーから山元さんに熱心なアプローチがありましたが、山元さんは面会を拒否したそうです。

「私はある意味では、TPPという不平等条約から日本の農家を守るために『麹リキッドフィード技術』を開発したわけです。あなたたちとお話をしても私には何のメリットも感じないので会いたくないと返事をしました。

この技術に関して、アメリカでの特許はすでに確定しています。日本でも確定しています。現在はヨーロッパでやり取りを重ねているところですが、早晩ヨーロッパでも特許を取得できるでしょう」

スケールの大きな技術ほど離陸にパワーがいる

二〇〇八年にほぼ完成した「麹リキッドフィード技術」の効能があまりにも素晴らしく、それゆえに信用されない時期が続いたそうです。山元さんがいくら懸命に説明しても、一〇〇人中九九人が「嘘やろう、お前。あまりにも話がうますぎる」といって信用してくれないのです。痺《しび》れを切らした山元さんがある畜産農家に、「どれぐらい豚を飼って、成果を上げげたら、あんたは信用するんだ?」と問うと、「最低一〇〇〇頭だ」と返されます。

「わかった」

それから六年間、山元さんは自前の豚舎で常時一二〇〇頭を肥育、その成果はすでに述べたとおりです。「麹リキッドフィード技術」の素晴らしさを自ら証明したわけです。

当初、地元の養豚農家は「素人が手を出すものじゃない」とみな鼻で笑っていたそうです。ところが、素人のほうがプロの自分たちよりはるかにいい結果を出している。彼らは豚が病気にならないように大量の抗生物質を購入し、病気になれば獣医を呼ばなければならず、そのつど支払いが生じます。

一方、山元さんの豚舎の豚はいわば〝飛び級〟のスピードで成長し、その間ほとんど獣医を呼ぶことがなかったわけで、その差は歴然としていたのです。

こうした、業界をブレイクスルーするような技術に対しては、既存の受益者、既得権益を持つところからの妨害、中傷が凄まじいものになることは歴史が証明しています。

麹リキッドフィード・プロジェクトの立ち上げ時から抵抗勢力の圧力はあったものの、山元さんが意識して大がかりな動きに出なかったために、理不尽な妨害を受けるまでには至らなかったといいます。

しかし、今回の鹿屋市の八〇〇〇頭豚舎プロジェクトはかなりの規模です。

「大丈夫だと思います。このプロジェクトには鹿児島県の補助金も入っているし、鹿児島県や鹿屋市も大いに注目しているので、抵抗勢力も無茶なことはしてきませんよ」

その一方で、山元さんは自前の豚舎を、一万頭規模にまで拡大するつもりでいるといいます。「勝算があるからです」とぐっと身を乗り出してきました。

「養豚ビジネスは相場価格ならなかなか儲かりません。豚の価格の六割が餌代に飛んでしまうからです。ところが、うちの技術を導入すると、その六割の餌代が二〇％は安くなる。ということは、豚の価格に占める餌代が従来の五割以下。なおかつ病気をしません。業者にとっていちばん痛いのは、餌を食べてどんどん大きくなった豚が病気でコロッと死ぬことで、それがないのです。実際にうちの豚舎は薬代がいりません。ここまでできたらもう実力行使だということです」

自前の豚舎で肥育した豚は一般市場に送り出されますが、同業者とはまったく利益率が違うといいます。冒頭記したように、価格は一緒でも、「麹リキッドフィード技術」で育った豚は、コストと回転率がまるで違うからです。

成長が速いのは周りの養豚業者もわかっているはずですが、プライドのせいか、いまだに「麹屋の育てた豚なんか」という目で見られているといいます。したがって、「麹リキッドフィード技術」を導入するのは県外ばかりで、愛知県や茨城県の導入業者からは非常に高い評価を得ています。

たとえば愛知県の養豚ファームは日本でも有数の利益率を誇っていますが、「畜産ファーム儲けの秘訣」という畜産専門誌の記事のなかでは、「麹リキッドフィード技術」には一行も触れていません。導入業者もこれが山元さんの技術であることを口外しないのです。なぜでしょうか？

規格外の「麹リキッドフィード技術」が急速に広まらなかった理由のひとつは、企業側がさまざまな事情を抱えていることにあります。

大手食品会社の子会社という立場なら、まずは自分たちの利益を確保したいでしょう。すると、「麹リキッドフィード技術」の導入で餌代が下がったことは、本社に上げたくない。利益率が上がったことは親会社にアピールするけれど、山元さんの技術で餌代が下がったことはなるべく黙っていたい。なぜなら、それを本社側に知られると、次回から仕切り値を下げられてしまうからです。だから、子会社としては全貌《ぜんぼう》を知られたくありません。

豚が病気にかからなくなったことについても、自分たちの管理がよかったからと報告するのではないでしょうか。

やはり、スケールの大きな技術ほど離陸するのにはパワーを要する、そうした宿命を背負っているのだと、私は理解しています。

祖父は黒麹菌を発見した「麹の神様」

時計の針を戻して、山元さんが三代目となる家業「麹屋」のルーツをたどってみましょう。

山元さんの祖父・河内源一郎は、大正時代初期、現在の大阪大学発酵工学部から大蔵省技官となり、熊本税務監督局に赴任します。当時の焼酎は「黄麹」を使用していたのですが、気温が高いと腐りやすいという欠点を抱えていました。どうしたら暑い鹿児島でも腐敗しないもろみ（蒸留する前の焼酎原液）をつくれるのかが、源一郎にとっての最大のテーマとなっていました。

源一郎が着目したのは沖縄の泡盛《あわもり》の製造法でした。当然、沖縄は鹿児島よりも気温が高い。しかし、その沖縄でつくられる泡盛はきわめて安定しており、腐敗することがないからです。

調べてみると、泡盛に使用されている麹は内地の黄麹とは違う「黒麹」でした。その特徴は、生育過程でクエン酸を分泌する酸っぱい麹であることで、これが高温の沖縄でももろみが腐らない理由だったのです。

源一郎は沖縄から黒麹を取り寄せて、麹菌の純粋分離に取り組みました。純粋分離とは、単一の種類の麹菌だけを取り出す作業のことで、源一郎はひとつひとつの菌を分離させ、それぞれの種麹で焼酎をつくってみては、その安全性と味を確認していきます。

ただ、黒麹に注目したのは源一郎だけではありません。東大の研究者をはじめ、さまざまな発酵研究者が黒麹の純粋分離に挑戦し、苛烈《かれつ》な競争となっていました。

そんななかで最終的に勝ち残ったのが、源一郎が発見した黒麹菌でした。源一郎は、この黒麹を使った芋焼酎の製造方法を検討し、水と芋の最適な仕込み配合も決め、焼酎業界に紹介しました。すると、この製造法が瞬く間に南九州の焼酎工場に広まったのです。

山元さんはいいます。

「発酵の世界でうちの祖父さんの名前を知らない人は、当時もいまもいないはずです。東大の研究室に私が入ったときに、『あの源一郎さんの孫が来た』と話題になったぐらいですから」

しかし源一郎はこれでは満足せず、黒麹よりクセのない、万人受けのする味を求めて、さらに研究を続けました。そして発見したのが茶色の胞子を持つ麹でした。黒麹同様クエン酸をつくりますが、色は黒くならないし、黒麹のようなクセがまったくありません。

源一郎はこれを「白麹」と名づけて焼酎業界に紹介したのですが、すでに黒麹に慣れた焼酎業界はいっこうに興味を示さなかったそうです。

このこともあって、源一郎は大蔵省を五〇代で退官、鹿児島市内に「河内源一郎商店」を設立、自ら種麹の製造販売に乗り出します。一九三一（昭和六）年のことでした。役人時代にすでに焼酎業界で確固とした信用と名声を築いていた源一郎の事業は順調に拡大し、戦前には満州にまで販路を広げていきます。

戦時中から、源一郎は発酵によるグルタミン酸ソーダ（「味の素」などで知られるうま味調味料）の精製に一心不乱に取り組み、一九四八（昭和二三）年二月、ついに成功します。しかし、源一郎は翌月に他界。六四歳でした。残念なのは、グルタミン酸ソーダの製造法を書面に残しておらず、この技術が幻のものとなってしまったことです。

「焼酎の神様」と呼ばれた父親との確執

「私は祖父のことを心から尊敬しています」

祖父の河内源一郎の人生を穏やかな口調で語っていた山元さんの顔が厳しさを帯びたのは、「河内源一郎商店」二代目となった父、山元正明に話題が移ったときでした。

鹿児島大学の研究室出身の山元正明は戦後、源一郎の娘婿となり、その後河内源一郎商店に入社、急死した源一郎の跡を継ぎます。

源一郎に負けず劣らず研究心旺盛な正明は、いい種麹を焼酎メーカーに提供するだけでなく、苦心して「自動製麹装置」を完成させ、当時の焼酎業界に大きなインパクトを与えました。さらには素晴らしい酵母まで発見し、九州の焼酎蔵を席巻し、いつの間にか正明は、「焼酎の神様」と呼ばれるようになりました。

息子の正博少年は、幼い頃から麹の世界にどっぷり浸かっていました。家のなかで麹をつくって、朝は父親が蒸籠《せいろう》でお米を蒸す匂いで目覚め、学校から帰って来ると、杜氏《とうじ》さんたちと一緒にお茶を飲むのが日課でした。

小さかった焼酎市場も年々拡大しています。東大の大学院を修了した山元さんは、家業を継ぐために鹿児島に戻り、父親の右腕として働き始めます。

父の正明はいつか自分で焼酎工場を経営したいと考えていたようでした。そんな折、知人から「焼酎工場を買ってほしい」という申し出を受けます。念願叶って、「錦灘酒造」の経営を引き受けた正明は、種麹屋らしく凝った融合菌を使った香りも味も上質の焼酎「てんからもん」を発売します。

ただし、種麹屋が焼酎メーカーを脅かしてはいけないとの配慮から、工場は小規模、宣伝は控えめにしてきましたが、地元で大評判となりました。快調に出荷を続けていた「てんからもん」がある日を境に、大量返品されてきました。

ある大手企業が卸業者に圧力をかけたからでした。それを知らずに小売店を走り回った山元さんは驚愕《きょうがく》の事実を知らされます。「種麹屋ふぜいが焼酎本体に手を出すのはけしからん」と県内の焼酎メーカーのほとんどが敵に回っていたのでした。父の念願であった焼酎工場への進出は、完全に裏目に出てしまったわけです。

「この一件で私と父の人間関係は大きく変わりました。父と大喧嘩《げんか》しました。『こうなったのは、もとはといえば、錦灘酒造を買ったあんたの経営戦略が間違っていたからだ』と完膚《かんぷ》なきまでに叩きのめしました。

すると翌日、私は河内源一郎商店を解雇されました。三八歳のときでした。はっきりいいますが、あれは親父が悪い。

振り返ってみれば、昭和五九年頃に三和酒類の『下町のナポレオン』(『いいちこ』の愛称)が大当たりして、第二次焼酎ブームが起きた。親父はその年の紅白歌合戦の審査員に選ばれ、そのとき『焼酎の神様』と紹介され、有頂天《うちょうてん》になっていました。

それで調子に乗って、錦灘酒造を買ったわけです。買ったはいいが、結局、お客様の商売に手を出したんですよ。ほかの焼酎屋から大バッシングを食らった。錦灘酒造は桶売り工場に徹して技術開発のみに注力すればよかったんです。そのときに父は『あれは全部息子が悪いんだ』と私に責任を押しつけた。

それだけではなく、ボロ会社『錦灘酒造』の経営を私に押しつけてきたのです。九州中の焼酎会社から目の敵にされている会社を、若輩者の自分が立ち直せるわけがないと途方に暮れました」

倒産寸前の窮地を救った「焼酎の観光工場」

父正明から押しつけられた錦灘酒造は年商四〇〇〇万円、経常赤字一二〇〇万円、長期未払い金七〇〇〇万円という、まったくひどい会社だったといいます。

任された翌日から支払いに窮して、倒産寸前まで追い込められたときに、山元さんにあるアイディアが舞い降りてきました。

「鹿児島空港のすぐ近くという錦灘酒造の立地を生かして、焼酎の観光工場をつくるのはどうか。当時はまだまだマイナーだった焼酎を、年間七〇〇万人も乗降する県外客にアピールする。そしてお客さんに自分がつくる焼酎を評価してもらおう」

観光工場と焼酎公園を兼ねた焼酎のテーマパーク「ＧＥＮ」の企画書を必死に書きまくった結果、山元さんは無担保無保証で二つの銀行から八億円の融資を受けられることになりました。

「度胸はありますよ。死生観を持っているからです。どうせ死ぬなら前のめりに死んでやるという気持ちをいつも抱いているから、借りられると思わなかった大金を借りられたのでしょう。もちろん、親父には内緒で行動しました。融資が決まったあとで親父にばれた。親父は心臓発作で二カ月入院しました」

山元さんは幼少の頃、死にかけたことがあった。四歳のときに盲腸が破裂して、医者にもう駄目だと引導を渡されましたが、奇跡的に助かります。ところが、もう退院だというときに、今度は腸閉塞で死にかけた。一カ月のうちに二度も死線をさまよいました。

「そのときの痛みはいまでも明確にすべて覚えています。とてつもなく苦しかったですから」と山元さんは振り返ります。

「すると、人間とは不思議なもので、『死生観』が植えつけられてしまう。土壇場に追い込まれたときに、いつでも居直れる。居直れるというか、前向きに命を投げ出せるような心持ちになれるわけです」

山元さんにとって毎朝一五分の瞑想は欠かせません。そして常時、生とは何か、死とは何かを考えているといいます。四歳のときの幼児体験がそうさせているのでしょう。

一九九〇（平成二）年、焼酎のテーマパーク「GEN」がオープンしました。この時点で、山元さんのお客さんは、焼酎屋から観光業者に代わったことになります。

お客ゼロからの出発でした。八億円も投入した焼酎テーマパーク「GEN」の一カ月目の売上げは一〇〇万円。スタートダッシュどころではありません。山元さんは死に物狂いで北海道から鹿児島まで行脚し、当たって砕《くだ》けろとばかりに売り込みをはかりました。

「最初はどこの観光業者も相手にしてくれなかったので、下駄《げた》と袴《はかま》を穿《は》いて日本中にセールスに出かけました。下駄と袴姿ですから、さすがに目立ったようですが、そもそもそれが狙いでした。気づけば、私の髪は真っ白になっていました。

『おたくの社長が袴姿で営業に来てたよ』と、少し前まで東北あたりでは伝説になっていたそうです。そのくらいしないと注目を浴びないからね。でも、そのときに鍛えられました。人間食えなくなれば、なんだってやれるものです。成果はじわじわと上がってきました」

それから五年後、国内で七番目となる地ビール製造の免許を取得し、チェコビールの製造販売を開始。「霧島高原ビール」と名づけたチェコビールはよく売れ、「GEN」のトップセールス商品になりました。

翌年には観光工場内に、世界でいちばん美味しいといわれるチェコビールのレストラン

「バレル・バレー　プラハ」（通称チェコ村）をオープンさせました。

「次第にお客さんが増えてきて、地ビールをやり始めたときにはものすごく盛り上がりました。四四歳のとき、二億円近くまで積み上がった会社の累積赤字をゼロにし、最大二〇億円まで膨らんだ借金もゼロにできました」

ここまで成功したら、普通の親なら喜ばないはずはないと思うのですが、父親の正明さんは亡くなるまで認めようとはしなかったといいます。

「息子の手腕と行動力に嫉妬心を抱いていたのではないでしょうかね」

山元さんはそう考えています。

麹菌の可能性を求めて農業の道へ

「待てど暮らせどバスが一台もこなかった時代が嘘のように、バレル・バレー　プラハにはつねに大型観光バスが列をなすまでに至り、われわれの観光事業は完全に軌道に乗りました。最盛期には年間四五万人が来場する賑《にぎ》わいでした。開設当時にほとんどの社員に愛想をつかされ、私と妻と従業員のたった三人で再出発した会社が、九年後には従業員一〇〇名を超えるまでになりました。

ここで麹屋の血が騒ぎ始めました。観光でずっとやっていけばいいものを、やはり麹で勝負したくなったのです。自分は麹の道を究めたい。焼酎づくりは麹菌の利用の一形態にすぎない。麹菌はもっと大きな可能性を秘めているはずだと、私は確信していました。地元鹿児島は農業、畜産の一大産地です。今度は農業をフィールドに、農業に役立つ麹の研究をするのだと奮い立った。

こうして私のお客さんは、焼酎屋、観光業者、そして今度は農業へと変わっていくのですが、農業がいちばん厄介でした。芽が出るまで一五年もかかったのですから

「河内源一郎商店」は麹の神様の異名をとった山元さんの祖父・河内源一郎が立ち上げた会社で、いまも焼酎用の種麹の製造を行っています。日本の焼酎メーカーの約八割が同社から種麹を買って焼酎をつくっています。「黒霧島」「黒伊佐錦」「森伊蔵」「魔王」など有名ブランド焼酎はすべて河内源一郎商店の麹菌を使用しています。

ただ、焼酎業界に関してシェアが八割あっても、ビジネスとしての妙味はありません。たとえば、ある焼酎会社の年商が五〇〇億円あるとして、河内源一郎商店の種麹を一〇〇%使っても、売上げは五〇〇〇万円にしかならないからです。そういう規模のニッチな商売だから大手が参入してこないわけですが、事業としての面白みはありません。

いまから四〇年前に山元さんが鹿児島に帰って来たときから、すでにシェアは八割あっ

たといいます。当然ながらこれまでと同じマーケットでは社業は拡大できません。

「麹菌にはもっともっと大きな可能性がある。それにふさわしい大きなマーケットがあるはずだ」

一六年前に山元さんが考え抜いた末に出した結論は、〝農業の世界〟で麹を生かすことでした。

平成一三（二〇〇一）年、五一歳になっていた山元さんは、観光事業の経営を妻に任せ、麹の研究開発に打ち込むために株式会社源麹《げんこうじ》研究所を設立。社名の頭の「源」はもちろん、祖父の源一郎の名前です。

その後、観光事業で稼いだ利益をすべて源麹研究所での研究開発に投入することになります。一五年にわたった麹の研究開発費は、年間平均七〇〇〇万円、単純計算しても一〇億円を上回ります。オーナー企業だからできる話といえばそれまでですが、まさしく求道者の面目躍如《めんもくやくじょ》といった感じがします。

現在は、研究室にこもって一五年にもおよぶ研究開発を終えた山元さん自ら、トップセールスマンとして日本全国を飛び回っています。もう一人のメインの営業は、博士号を取った女性研究職です。

「研究職の人間が営業しないと説得力がありません。技術の核心部分になるとけっこう複雑なので、やはり技術をもった人間がセールスに出向かなければいけません。豚屋さんも大きいところは非常に高度な技術力をお持ちですから、非常に突っ込んだ話になります。通常の営業マンでは受け答えは無理です」

私も山元さんの意見に大賛成です。日本企業のひとりよがりのマーケティングやスペック決定力が弱いのは、エンジニアを現場に投入しないことだとかねがね思っていたからです。

麹リキッドが腸内環境を大幅に変える

ここからは再び「麹リキッドフィード技術」の話に戻ります。なぜこの技術は常識を吹っ飛ばすような素晴らしい結果をもたらすことができるのでしょうか?

「いま腸内環境が大変な話題になっていますよね。麹が腸内環境を〝大幅〟に変える、ここに集約されるのです」と山元さんはいいます。

「麹リキッドを食べることで、豚の腸のなかの短鎖脂肪酸が画期的に増えるのです。短鎖脂肪酸はいま、腸内環境を変える〝決め手〟と学会などではいわれています。短鎖脂肪酸は具体的には『酪酸』という酸のことです。この酪酸を腸のなかでいかに増やすかが重要とされ、酪酸カプセルを飲ませるなど、さまざまな試みがなされています。でも、本当は簡単なのです。麹を食べさせると自動的に酪酸が増える。それをわれわれが世界に先駆けて発見したわけです」

二〇一五年の八月にプラハで開かれたEUの家禽《かきん》学会で、山元さんたちはそれを発表したのですが、総スカンを食ったそうです。酪酸カプセルで儲けようと思っている連中からすれば、そのプロジェクトを台無しにする発表なのですから……。

山元さんは続けます。

「酪酸が何を起こすのかというと、腸のなかの絨毛《じゅうもう》細胞を活性化させるのです。絨毛細胞は非常に偏食で、必要な栄養源の九割までがこの酪酸なのです。酪酸がないと絨毛細胞は元気になりません。絨毛細胞がなぜ大事かというと、われわれの免疫細胞の六割をつくっているからです。水分調整能力もこの絨毛細胞が担っています。

人間の体も一緒です。小腸から出てくるときのウンコは液状です。それを絨毛細胞が水分調整をしてくれて、バナナのような適度な硬さにして排泄《はいせつ》していく。この絨毛細胞が家畜にかぎらず、現代の人間でも痛めつけられているのです」

よくダイエットだといって下剤を飲む人たちがいるけれど、あれは最悪だと山元さんはいいます。絨毛細胞を痛めつけることで、絨毛細胞の水分調整能力を失わせることが目的だからです。当然、その反動として免疫能力が落ちます。ダイエットに下剤を使う人たちはそんな恐ろしいことをやっているわけです。

「けれども、麹をバサーンと食わせると、豚さんの絨毛細胞がシャキーンとして、それは調子のいいウンコがスポスポと出て、ほとんど未消化物がないからカラスも近寄らない。それで絨毛細胞が活性化して、免疫細胞がガーッと体内を巡っているから病気もしない」

それから、この免疫システムがどうやらわれわれのエネルギーを相当消費していることがわかってきたといいます。逆にいうと、免疫システムがしっかりしていると、成長効率がよくなっていくわけです。

茶麹サプリが免疫細胞を増加させる

豚と人間はきわめて似ているとよくいわれます。たとえば、梅毒はもともと豚の病気です。おそらくアメリカ先住民の男性が豚と獣姦をして豚の病気をもらった。コロンブスに同行した船乗りがその男性と性交渉をしてヨーロッパに病気を持ち帰ったため、世界中に梅毒が広がったといわれています。インフルエンザも同じで、豚の体を介して拡散していくことがわかっています。

「それほど豚の生理と人間の生理は似ているんです。豚の生理の研究を一五年間も続けていると、人間の生理についてもほとんどわかってきます。今度はその延長線上で、女房から、『お父さん、今度は豚さん用でなく人間用に役立つものもつくって』といわれたのをきっかけに、『茶麹』のサプリメントを開発し、一昨年から販売を開始しました」

この茶麹サプリメントの効き目を見て、山元さんの長男は鹿児島大学の医局を辞めて、二〇一六年四月から東海大学の医学部でもう一度医学博士号を取得するために勉強し直しているところです。もちろん茶麹サプリの臨床実験を重ねて、医学的な治験論文をどんどん出していくという目的もあります。心臓外科が本職だった長男は、山元さんにこういったそうです。

「心臓外科の手術ではせいぜい一日数人しか治せないけれど、お父さんのこの茶麹は免疫システムを改善することによって、ものすごく多くの人たちを助けることができる」

この茶麹サプリを服用すると、ＮＫ細胞（免疫細胞）が約二・五倍に増えるという結果が出ています。

いま、東大発のあるベンチャーが野菜から抽出したサプリを売り出しているのですが、それではＮＫ細胞は一割程度しか増えないそうです。

「二〇一四年、ある女子大の先生が末期の卵巣がんに冒されていました。末期で腫瘍マーカーが二八〇〇ありました。大学病院に入院して茶麹を飲んだら、抗ガン剤の副作用が出なくなった。飲み始めて四カ月経った一二月には二八〇〇あったマーカーが四五〇、昨年の五月には一五まで下がった。上限値が三〇ですから、もうほぼ完治。スキャンしてもガン細胞は見つからず、いまでは復職されています」

この茶麹サプリが商品化されるまでにはこんな経緯があったそうです。

「現段階では、茶麹のサプリは健康食品というカテゴリーで販売しています。茶麹のサプリは、マウスで実験ずみだったのですけれど、糖尿病に効いた。先ほど、豚に麹を与えると酪酸が増えると申し上げましたが、その酪酸が血液中に溶けるとインスリンが増えるのです。これは糖尿病に効くだろうと思って、糖尿病のマウスに与えると、案の定、血糖値が劇的に下がりました。

うちのメインバンクのK銀行の前頭取が糖尿病で銀行をお辞めになったときに、いろいろお世話になっていたので、商品化前の茶麹のサプリを差し上げた。彼は一日に二錠ずつ飲んで、半年後に血糖値が正常値になった。ずっと差し上げていたら、彼からこんな連絡がありました。『山元さん、私が一〇年以上病院に通っても治らなかった病気がこれで治った。いまは私の主治医もこれを飲んでいるよ。もうインスリンもまったく注射しなくなった。これを山元さんからただでもらうのは申し訳ない。私も販売に協力するから、商品化をして欲しい』」

そんな要請があって、二〇一四年から茶麹のサプリが世の中に登場してきたのです。

この茶麹のサプリは、厄介《やっかい》な現代病の代名詞になっている花粉症にもかなり効能があるといいます。

市販されている多くのサプリメントは、他所のデータに依拠し効用を説明しています。つまり、自前の実験結果ではありません。しかし茶麹のサプリの実験データは、すべて山元さんの研究所で行われたものです。山元さんが説明します。

「昔の人は体内に寄生虫を飼っている場合が多く、この寄生虫が出す弱い毒に反応して、体内で『非特異的免疫グロブリンE』というタンパク質ができる。これがアレルギー物質をつくるスイッチをマスキングしてしまうため、昔の人はアレルギーが出なかったのです。一方、現代人はあまりに衛生的な環境で育ったことから、体内で非特異的免疫グロブリンEがつくられなくなり、花粉などの異物が体内に入ってくると、ストレートにアレルギースイッチをオンにしてしまうので、アレルギー症状が発現してしまう。その典型例が花粉症なのです」

ラットに生きた麹菌を食べさせたところ、予測に違わず、それを異物と判断してアレルギースイッチをマスキングする非特異的な免疫グロブリンEがたくさん出た。とくに黒麹が効くことがわかった。この結果、このラットにアレルギー物質を与えてもまったくアレルギー反応が出なくなったのです。

茶麹のサプリによって、一〇年続いてきた山元さんの花粉症はすっかり治ったし、女子社員の花粉症も出なくなったといいます。

二〇一四年に発売開始された茶麹のサプリの一年後の継続率は九割と、驚異的な数字を叩き出しています。通常二～三割の継続率ですから、茶麹のサプリの効き目にいかに使用者が納得しているかを物語っています。しかも、まだ宣伝らしい宣伝はせず、鹿児島の観光工場を訪れたお客さんが買って試してみて、口コミで広がった結果がこれです。

ちなみに、茶麹のサプリの生産体制は自前ですでにでき上がっているそうで、あとは大々的に売り出すタイミングの問題だけだそうです。

「うちにある機械はほとんどが自前でつくったもので、鉄工場もあります。私が機械の基本図面を描いて、社員がそれを具現化する形でずっとやってきました。麹をつくる機械では特許もたくさん持っています。去年もアルコールセンサーを開発しました。焼酎の生産には蒸留が必要なのですが、アルコールセンサーをつけることによって、ボタンひとつで蒸留が全自動でできるようになりました。まあ元来、中小企業とはそんなものですがね。

豚に麹リキッドフィードを給餌するための装置も私が設計して、うちの鉄工場でつくって、お客さんに納めています。もちろん発酵装置も自分でつくっています」

麹を通して日本人本来の生活を復活させる

取材の後半、山元さんは何度か、麹を通じての世界平和と環境浄化が自分に与えられた使命だと思っている、そのために命を賭けているといいましたが、ここまでの取材で、私にもそれが十分に伝わってきました。

「現代人はストレスいっぱいの生活を送っています。麹を食べると、体内にブトキシブチルアルコール（低分子アルコール／ＢＢＡ）という物質が生産されます。不思議なことに、これは麹がつくるのではなく、体自体がつくる。要は人間の体がブトキシブチルアルコールをつくるのを麹が促進するのです。

このブトキシブチルアルコールが脳下垂体を刺激して、ストレスホルモンの分泌を抑えてくれる。諸悪の根源はストレスです。夜よく眠れないとか、逆流性食道炎や胃潰瘍《かいよう》になる原因は全部ストレスです。現代人のストレスを軽減できれば、キレやすい人を減らせるだろうし、究極的には戦争だって減らせるかもしれません」

山元さんがいま打ち込んでいる仕事は、私たちの生活を大きく変える可能性を秘めていますが、二〇二〇年頃の日本の姿をどのように描いているのか、聞いてみました。

「私は東京五輪が開かれる二〇二〇年過ぎには、日本の成長は終わると考えています。いまの資本主義の最大の矛盾は、無限に成長し続けなければならないということです。

これはきわめておかしな話で、『足るを知る』生活が本来の日本人の真骨頂なのですよ。究極のリサイクル社会を実現していた江戸時代は、先人たちは本当に足るを知る生活をしていました。ましてや現代は、江戸時代とは比べものにならないくらいインフラも整っているのに、足るを知る生活ができていません」

リサイクルといえば、山元さんの会社の目と鼻の先にある鹿児島空港は、一〇年前から完璧なエコ空港になっています。鹿児島空港から出る食品廃棄物はすべて山元さんが引き取って、再利用しているからです。

「私は、麹を通じて日本人本来の生活をもう一度復活させたい。『足るを知る』ことにより、幸せな生活が手に入るのであって、『もっともっと』では最後は強欲この上ない餓鬼道に落ちてしまいます。

これからは心豊かに生きることがいちばん大事ではないでしょうか。イケイケドンドンの時代はもうとっくに終焉を迎えています。にもかかわらず、いまだに妄想にとらわれた政治家や経済学者が、国の借金でエンスト寸前の経済に鞭打っているわけですが、それが限界を迎え、崖から突き落とされるのが二〇二〇年を過ぎたあたりだと予測しています。東京五輪後はかなりひどい状況が訪れることを、われわれは覚悟しなくてはなりません」

山元さんは、一度落ちてこそ、はじめて日本はいい国になるととらえています。日本人が世界でいちばん「足るを知る」ことのできる国民なのを、山元さんが信じているからでしょう。

◎山元正博氏インタビュー…………〔聞き手〕加藤鉱

加藤　麹で農畜産分野を開拓するのに、なぜ豚に着目したのでしょうか？　人間に近いからとわかっていたから、迷わず豚に狙いを定めたのでしょうか？

山元　最初は牛だったのです。牛を飼って実験を行い、出荷の一カ月前にBSEが日本で発症しました。それで牛の相場がガタ落ちになって、数百万円の損を出しました。それに懲《こ》りて牛はやめました。豚にしたのは価格の問題です。牛は一頭二〇〇万円はしますが、豚は一頭三、四万円と二ケタ違います。

その代わり豚は数を飼わなければなりません。だから、豚と鶏はずっと飼っています。ただし養鶏は巨大装置産業なので、一舎で五〇万羽、一〇〇万羽飼うのはざらで、大きすぎて手が出ないわけです。

豚だと個人企業が多いので、われわれみたいな新規参入があっても餌を買ってもらえる。だから、選択肢としては豚がベストだったのです。

加藤　牛だろうが鶏だろうが、「麹リキッドフィード」は際立った効力を発揮するわけですよね。

山元　北海道の帯広の企業で飼われている乳牛は「麹リキッドフィード」を食べています。搾乳牛が三〇〇頭の畜舎で、それまで搾乳牛が一一〇頭しかいなかったのに、いまでは一六〇頭に増えています。なぜだと思いますか？　妊娠している牛が大幅に増えているからです。

加えて搾乳牛の廃棄率が急減しています。つまり、上がりの搾乳牛がそれまで二八％（年間）だったものが半分の一四％になった。麹は若返りの妙薬ですから、豚は妊活もできるし、現役からの上がりをちょっと遅くすることもできる。牛乳での利益が三五％も増えているそうです。

加藤「麹リキッドフィード」のすごさを実感しているその畜産生産者は当然、ほかには漏らしたくはない。おおっぴらにアウトプットはしないでしょうね。

山元　そうですね。帯広の乳牛にしても、上には大々的にあげようとはしない。なぜかというと、牛がまったく病気をしないため、農協共済が難儀するからです。農協共済は牛や豚が病気をすることで回っていくわけですから。

だから、うちの話を上にあげていくと、逆に圧力がかかるので、現場の人たちだけでゴーサインを出してわれわれの技術を導入し、今日に至っているのだと推測しています。

加藤　山元さんのお話を聞いていると、革新的な技術がなかなか受け入れられない壁として現場の都合と利害関係が立ちはだかっていることがよくわかります。世の中の常識をブレイクスルーするようなものには既存の産業構造を崩しかねない力があるので、現状を維持したい勢力からは圧力がかかってきます。

山元　そうですね。そこがいちばん辛いところかもしれません。神田昌典さんの話を聞いていても、マーケティング的な観点からは、画期的なものよりも、よそ様よりも少しだけよいものを売るのが理想的なようですね。

われわれとしては、今度の鹿屋の八〇〇〇頭の農場の立ち上げに全力を上げて取り組み、とにかくそこを大成功させる。今回は銀行、鹿屋市、鹿児島県庁が大注目をしているプロジェクトですから、抵抗勢力もやたらなことはできないでしょう。

けれども、それと同時進行しながら、われわれの実力行使という意味で、自前で一万頭規模の豚を肥育します。これは愛知県でやります。東海地方には食品工場が山ほどあるからです。食品廃棄物も山ほど出てきます。

皆さんは食品廃棄物の使い方をよくご存じないようです。その点、われわれには研究室があるので、そのすべてを成分分析して、何をどのぐらい発酵させ、何と混ぜるといいかがすべてわかってしまうわけです。もう人に教えません。われわれだけで実力行使して、そこでうまくいって、教えてくれという人が来たら、その時点で教えるつもりです。

よく私が営業で回っているときに、「それだけ儲かるのだったら、どうして自分でしないのか」とさんざんいわれてきました。そのときがやってきたのだと思っています。

加藤　「麹リキッドフィード」を海外展開していくプランはおありでしょうか？

山元　愛知でうまくいったら、次にはヨーロッパに出ていきます。ヨーロッパの養豚業者も日本と一緒で、みんな悪臭で困っています。彼らを助けたいし、儲けさせたい。

豚の値段は日本より安いので、うちの技術を使ったらもっと儲かるといった売り込みは、二〇一四年から続けています。ただＥＵはプロバイオテックス（人体によい働きをする細菌）の輸入に関してはかなりコンサバティブなので、いまはその交渉をコツコツやっているところです。

イギリス、アイルランド、フランス、スロバキア、チェコ、この五カ国にはうちの技術を使いたいという人がけっこういるので、来年あたりから話をまとめにかかりたい。

スロバキアにニトラ農業大学があって、そこの学生には常時うちに研修に来てもらっています。いまは半年単位で、彼らに麹リキッドの技術を教え込んでいるところなのです。将来は獣医になる人たちばかり。みんな麹のファンになって母国に帰って行きます。いずれはわれわれの応援団になってくれると思っています。

社です。

神田昌典の視点

源麹研究所は現在に至るまで長い間、試行錯誤を続けてきた典型的な会社です。

大正時代に創業した初代は「麹の神様」、二代目は「焼酎の神様」といわれ、初代が発見し培養した黒麹菌は、「アスペルギルス・アワモリ・ヴァル・カワチ・キタハラ」という学術名まで取っています。

同社は、初代の頃から日本中の焼酎メーカー向けに焼酎の種麹の製造・販売を行っています。本文にもあるように、いまも日本中の焼酎メーカーの約八割が同社から種麹を買って焼酎をつくっているのです。

三代目の山元正博さんは、「麹」という会社のコアコンピタンスというか、絶対的な強みを武器に麹の可能性を模索してきました。

けれども、その試行錯誤には想像以上の時間を要しました。実父が焼酎工場を始めたことで焼酎業界から総スカンを食ったからでした。生き残りのために、息子の山元さんは知恵を絞ります。折からの観光ブームに乗って多角経営をめざします。

焼酎の観光工場、焼酎関連商品の通販、チェコの地ビールの製造、チェコ村の建設等々、そのいずれもが麹や発酵に関連するものばかりでした。いつの間にか一〇年が経ち、二〇〇〇年には観光事業は完全に軌道に乗りました。焼酎ドームを建てたことで一気に顧客数が増え、焼酎が観光客に売れ、焼酎関連グッズも次から次へと売れたのです。

しかしながら、商品点数があまりにも多くなって、事業の選択と集中という観点から事業分野が分散し始めていたことも否めません。

この時点で三代目の山元さんは、「やはり麹だ。自分は麹の道を究める」と原点回帰をして、ふたたび研究に取り組み始めます。

一五年の年月と年間七〇〇〇万円の研究費を投じた結果、山元さんは、二つの大きな成果を得ます。ひとつは、「麹リキッドフィード技術」の開発です。本文に詳しく書かれているので詳細は省きますが、養豚業の救世主のような技術で、特許も取得ずみです。

畜産飼料の分野に麹配合のものが参入していくと、コンスタントに麹関連の収支が成り立つので、経営的には非常に大きいと思われます。ただし、麹がそれだけ効くということは畜産分野で解明され始めているものの、それがどれだけスピーディーに浸透するかはわかっていません。

収益を減らすのではないかとする、既存飼料メーカーの危惧が壁になっているわけです。「穀物業界には既存のヒエラルキーがあるので、そこと共存する仕組みをつくりたい」という山元さんですが、業界をブレイクスルーする技術だけに抵抗は大きいようです。

もうひとつの大きな成果は、やはり麹研究の試行錯誤の末に誕生した「茶麹のサプリメント」の商品化です。このサプリメントが素晴らしいのは、源麹研究所が誇る研究施設で実験データを積み重ねて研究開発を行ったことです。

二〇一六年四月に発生した熊本地震以降、九州各地の観光産業は大打撃を被りました。鹿児島にある同社の観光施設も例外ではありません。観光収入が急激に減った分を、いま茶麹のサプリメントが支え始めているのです。

茶麹のサプリメントの製造・販売は戦略的には正しいと思います。なぜなら、茶麹のサプリメントがＢ ｔｏ Ｃで売れ始めてきたのは、やはり、同社が麹の世界では圧倒的な地位にあるという歴史的なバックボーンがあるからでしょう。おそらく同社の観光施設を訪れた人たちの多くは、韓国のマッコリがここの麹の種でつくられているとか、麹の神様と呼ばれている河内源一郎について覚えているからです。

じつは同社では最近、茶麹のサプリメントのパッケージをリニューアルしています。初代をフィーチャーしたようなパッケージには、同社のストーリーと歴史、科学的なエビデンスである学術名が添えられ、同社の本当の強みがわかりやすく表現されています。

従来、同社の麹関連商品は、焼酎メーカー、農業、畜産業向けのＢｔｏＢに限られていましたが、茶麹のサプリメントの登場により、ようやくＢｔｏＣ向けの展開ができるようになってきました。

近年、腸内フローラに対する関心が強まってきているなか、麹という日本古来の食品が腸内フローラを整えることが実証されつつあります。また、麹が免疫抵抗力を強化するだけでなく、ストレスも、アレルギーも軽減するといった研究成果が次々と発表されています。

こうした日本にしか存在しない、懐《ふところ》の深い麹の力を存分に使って商品開発、販売できる力量を備えているのは同社しかありません。これが最大の強みになっているのです。

6

第6の
ビジネス戦略

分業をパッケージ化して提供する

マンション販促ツール開発の分業体制を壊し
オールインワン・パッケージでシェア四〇%を獲得

株式会社VRSサービス　代表取締役
東田 昇

マンションの販促ツールをパッケージで供給

ある大手不動産ディベロッパーがマンション開発のための土地を購入したとしましょう。まずは、それまで立っていた古い建物を壊して更地にします。

並行して設計事務所で、新しく建てるマンションの図面を描きます。さまざまな手続きを踏んで、地元の役所から建築確認の承認を受けて、ようやく建設工事が始まります。

そして通常は、建設着工のタイミングで販売がスタートします。建物の実物はありませんが、「完成予想図」と「設備・仕様・アクセス」などが載ったパンフレットやチラシ、あるいは物件サイトによって青田売りされるわけです。

着工の半年くらい前には、別の場所にマンションのモデルルームができ上がっていますが、そこを訪れるマンション購入を検討するお客様のために、ディベロッパー側は正確で魅力的な接客および販促ツールを準備しなくてはなりません。

そのツールに要求されるのは、さまざまなシミュレーションによって、来場されたお客様に、周辺環境はもとよりマンション各戸の条件を理解してもらうことと、選択肢を提示することです。近頃はＩＴを駆使した画像データや動画の活用が接客の鍵ともいわれ、これにきちんと対応できなければ販売機会を逃すことになりかねません。

ただし、こうした接客および販促ツールの開発は、膨大な作業を抱えるディベロッパーにはとてもこなせないため、従来は測量、設計、広告の三つのカテゴリーに委《ゆだ》ねられてきました。測量は測量会社、設計は設計事務所、パンフレットや広告関係は広告代理店といった分業体制が敷かれてきたのです。

この分業体制を〝壊した〟のが、三つのカテゴリーを束ねて、マンションディベロッパー用の販促ツールを自前のパッケージで供給する株式会社VRSサービスです。

同社の東田昇社長はリクルートコスモス（現コスモスイニシア）出身。リクルートコスモスはバブル時代に一世を風靡したリクルートグループの不動産ディベロッパーです。東田さんは、そこで一〇年間開発に従事していましたが、一級建築士と土地家屋調査士の資格を取ったのを機に、三三歳で個人事務所を立ち上げ、独立を果たしました。

「神戸事務所を開いて五年ほど経ったときです。当時はリクルートを創業した江副浩正さんがまだ不動産の仕事をされていて、その監査のお手伝いや設計の仕事を細々とやっていました。ただ並行して、マンションディベロッパー用の販促ツールのパッケージ商品が徐々に形になってきていました」

パッケージ開発のきっかけは、退社後もつき合いが続いていたリクルートコスモスからのさまざまな要請でした。

「『あなたは土地家屋調査士なのだから、測量はお手のものでしょう』といわれ、何度も測量現場に引っ張り出されました。また、マンションの販売現場で、セールス担当がお客様から技術的なことを聞かれ右往左往しているときには、一級建築士として対応したりで、けっこう重宝がられましたね」

そんな経験を重ねているうちに、こんなことがわかってきました。

マンション事業では、ゼネコンや設計事務所や広告代理店など、その道のプロたちが実にさまざまな仕事を分担し合っています。技術的な部分は技術屋の領分です。

たとえば、周りの建物との位置関係について、設計事務所から技術的にはきっちりした図面が出てきますが、技術屋の引いた図面なので、ディベロッパー側には非常にわかりにくい。当然、お客様にも伝わりにくい。だからといって、お客様にわかってもらうために、いちいち図面を描いた設計士を連れてきて説明させるわけにはいきません。

そこで東田さんは、これまで設計事務所がやっていたような現場の測量作業を自前ですべて行うようにしたのです。東田さんは説明します。

「それまでは、ディベロッパーの販売の人が周りの建物との距離や高さについてお客様から聞かれると答えに困っていました。ゼネコンに聞いたらいいのか、測量会社に聞いたらいいのか、設計事務所に聞いたらいいのか、見当がつかないからです。

その点、すでに測量データを接客方法に合わせたツールに自社加工していたので、われわれのお客様（ディベロッパー）はかなりアドバンテージを得たようでした。

そのうちに、販促のツールとしてパッケージで受け持っているVRSサービスに聞けばなんでもわかるという認識がディベロッパー業界に広がっていったのだと思います」

二〇〇五年当時にはそういうサービスを展開する競合会社は皆無だったし、いまも存在しないそうです。その理由については後述します。

たとえば測量データのなかには、計画物件を真俯瞰（真上から全体を見下ろすアングル）から見た図面があります。土地の形状・面積・方位はもちろん、周りの建物との離隔距離、道路の電柱、電線位置、街路樹、樹木などの位置が正確に把握できます。それによって、「正面に立つマンションまで、道を隔てての距離は〇メートルです」などと説明して、部屋をのぞかれないかなどの心配をより具体的に取り除くことができるわけです。

エモーショナル・マーケティングの実践

じつは東田さん自身、リクルートコスモス時代にマンション事業を担当していて、不便を感じていたそうです。金融業界などはビッグバンによって垣根が取り払われて、ワンストップサービスの競争になりつつあったのに、建築関係、設計関係は相変わらず保守的で、深掘り一辺倒の業界でした。

東田さんに限らず、各ディベロッパーは膨大な情報を横断的にワンストップで整理し、アウトプットできるようなプロの会社が現れてくるのを望んでいたといいます。

東田さんのディベロッパー用の販促ツールのパッケージ化は、二〇〇二年頃には形になりつつありました。

「まだ紙の図面で納品していた時代でしたね。そのときのわれわれのターゲットはほぼマンションディベロッパーの販売部隊に絞り込んでいました。クロージング用のツールも明確になっていました。あとはどう売ったらいいか、どうマーケティングしてお客様を集めればいいのか、どうクロージングするのかでした。それらについては、何の知識もなかったですから」

そんなときに偶然書店で見つけたのが、神田昌典氏の『成功ノート』だったといいます。

「あのマーケティングの手法がなかったら、私はたぶん挫折《ざせつ》していたと思います。要は、あの手法は断られる恐怖がないのですから」

刷り込まれた営業ノルマ意識を、この本によって完全に払拭《ふっしょく》してもらいましたと、東田さんはいいます。

「うちの会社の営業ノウハウはほとんど神田メソッドによるもので、いわゆるエモーショナル・マーケティングです。ノウハウというよりは精神的なバックボーンになりました」

東田さんの新事業が本当に軌道に乗ったのは、リクルートコスモスがVRSサービスを全新規物件に採用してからでした。そのとき、東京進出への大きなフォローの風が吹いたのです。

画期的ツール「日照シミュレーター」を開発

VRSサービスの最大の特徴は、先に記したとおり、すべての業務を手持ちのプロ集団が〝自前〟で行っていることです。ワンストップの仕事の流れは次のとおりです。

VRSサービス単体で受注して、「現地測量作業」→「日影計算作業」→「眺望写真撮影」→「ムービー撮影」→「ツール加工作業」。

従来であれば、ディベロッパーはこれらの各作業に見合った業者を探し、各社に作業依頼をしなければなりません。それをVRSサービスはすべて内製し、販売まで行っているわけです。

「分業してしまえば、広告代理店と変わらなくなってしまいますし、技術のノウハウが蓄積されていかないので、はじめの段階で自己完結することは決めていました」

このビジネスが始まると、当面は一級建築士と土地家屋調査士の資格を持っていた東田さんが大車輪の働きをしたといいます。

VRSサービスのいちばんの売りは、マンションを売るときに必ずお客様に聞かれる眺望と日当たりについて、わかりやすく説明できることです。

「受注すると、われわれは現場に行って、まず周囲の建物を測量して、街全体の三次元の立体地図をつくります。そこに設計事務所が設計した計画物件を合体させると、コンピュータのなかでさまざまな解析ができるようになります。

眺望については、ストリートビューのように計画物件からの眺望を三六〇度のパノラマデータの表示で、お客様の検討住戸の眺望に対する疑問を解消します。周辺環境ムービー・眺望写真合成CGを作成し、マンションギャラリーやモデルルーム内で、実際に部屋にいるかのように紹介することができます。

日当たりに関しては、『日照シミュレーター』という日影が動くムービーを開発しました。これによって、マンション各戸に対する地形や周囲の建物からの影が計画建物におよぼす影響や、三六五日の特定日・特定時間に建物内のどこに、どのような形の影ができるかを示すことができます」

こちらのお部屋ではこの時刻には隣の建物が影を落としますとか、こちらのお部屋ではそういったことはありませんなどという説明が可能になったわけです。

ここで素朴な疑問が浮上してきました。ここまで日当たりを解析されると、部屋の価格帯を決めるときにごまかしがきかないため、ディベロッパーの思惑よりも低い価格帯になってしまう物件が出てくる可能性があるわけで、そういうときはどうするのでしょうか？　東田さんは苦笑します。

「そうなのです。このツールをつくった当初は、これを使うのは恐い。使えないというところがありました。われわれは神田メソッドを学んでいたので、『マンションを買う買わないは主観によるものです。だから勝手に売り手側が悪い判断をしたら、折り合いはつきません。どこが悪いかという説明をして、だからこの値段にしました。いかがですか、という売り方をすべきではないでしょうか』と申し上げました」

実際に、日照シミュレーターを否定的に受け取ったディベロッパーのほうが少なかったといいます。東田さんから、お客様が求めている要素は千差万別という説明をされ、納得して購入したディベロッパーも多かったし、最初から反応はよく、これはうちに必要だと即採用するところもあったそうです。

もちろん、そういうレベルの高いディベロッパーほど日照シミュレーターの精確性をチェックしています。そのときにVRSサービスの積み上げてきた技術力、資格ホルダーの陣容（一級建築士、土地家屋調査士、測量士、CADデザイナー、CD・3Dデータデザイナーなど）が後押しになったのではないでしょうか。

同業他社で日照シミュレーターを用いるところがいまだに出てこないのも、そのあたりの要因があるのかもしれません。

ワンストップサービスでシェア四割を獲得

VRSサービスが独自に開発した販促ツールは「日照シミュレーター」「パノラマムービー」のほかに、太陽高度を視点としたアクソメ図表示の「ソーラーアイビュー」、的確な売却価格を決定するための判断材料のひとつとしての「値付け用物件データ」などがラインナップされています。

東田さんに聞いて驚いたのは、画期的な「日照シミュレーター」「パノラマムービー」

も含めて、VRSサービスのソフト技術はすべて市販ソフトを〝ブラッシュアップ〟したものであるということでした。

「われわれのソフトを形成する基本的な技術は、もう世の中に全部出ているものです。欲しいものを探せば、必ずどこかにあります。それをプラグインで合体したりしていくと、どうやってつくったのかわからないくらいの成果物ができてしまうのですね。

たとえば、測量会社が使う測量ソフトをパソコンで使ってみます。これは設計事務所からするともうお手上げの使いにくいソフトです。でも、そのデータを引っ張り出してきて設計事務所が使っているCADのソフトに乗せると、いきなり三次元になってしまうことがあります。白黒の色気のない図面をCGに載せると、ものすごくきれいな画像になって、みんながわかりやすいと感心するぐらいの絵になってしまうのですね」

結果だけ見ると、VRSサービスがソフトそのものを開発したのではないかと錯覚を覚えるぐらいの出来栄えですが、実際に使っているソフトは市販のソフトなのです。

「われわれがラッキーだったのは、時代の技術革新の波に押されて、ここまで一気にこられたこと。たとえば測量であれば、GPSやスマホの技術が毎年上がっていきました。

それまでだと、タワーマンションを測量するのに四苦八苦していたのが、いまではレーザーで一発で取れるようになっています。

新しい技術を取り入れて進化したと思ったら、すぐに物足りなくなって、また新しい技術を取り入れてという具合で、日進月歩以上のスピードで進歩を遂げてきたのです」

一般のビジネスパーソンは市販のソフトを使いこなすのに精一杯で、それをほかのソフトと融合させることによって、新たな地平を切り拓けるという発想は生まれません。

ＶＲＳサービスはすでに確立している専門分野のソフトに、新しい仕事を生み出すためにもうひとつのソフトを加えて化学反応を起こし、それをひとつのパッケージにしたのです。

みんな思いつきそうで思いつかないものなので、これはある意味、逆転の発想ではないでしょうか。

現在、マンションディベロッパー向け販促ツール分野におけるＶＲＳサービスのシェアは三五～四〇％前後と群を抜いています。さらに、先に述べたように、同社以外には測量、設計、広告サービスをワンストップでこなせるライバル会社は存在していません。なぜライバル会社が出現してこないのか？　東田さんは答えます。

「いちばんには業界が違いますよね。測量の業界には登記法、設計の業界には建築基準法、広告代理店の業界にも著作権法といったように、それぞれの業界には多岐にわたる法律があり、業界用語もまったく異なります」

素人目には測量と設計の業界は割合クロスしているのではないかと見えがちですが、まったく親和性がないようです。東田さんが一例を挙げてくれました。

「大学の建築科を出て設計事務所やゼネコンの設計部門に入る人はけっこう多くいます。大学では測量の授業はあるのですが、彼らに『あの建物の高さを測ってくれ』といっても、『それは測量会社に頼んでください』と返されるのがオチです。

かたや測量専門の学科を出た人に、うちがやっている『建物の日影の解析』の話を振り向けると、まったくお手上げです」

要は、測量と設計を結びつける、両方をこなすのは大変だということです。

ここで注目すべきなのは、東田さんが一級建築士（設計）と土地家屋調査士（測量）の資格を取っていることでしょう。大学の建築科を出た東田さんが一級建築士をめざしたのは理解できますが、なぜ土地家屋調査士の資格まで狙ったのでしょうか？

「私が従来のハードルを越えて、ディベロッパー向けのワンストップサービスを本気でやろうと奮い立ったのは、たまたま設計と測量、二つの資格を取っていたからです。結果論ですが、この二つの資格両方を持っている人はかなり少なかったようです。

二つの資格を取ろうと考えたのは、独立しても一級建築士だけでは食っていけないという危機感を抱いていたからです。この二つとも世間的には取得するのが難しいといわれているのですが、私にとっては土地家屋調査士のほうが難儀でしたかね」

広告代理店の業界については、神田メソッドのマーケティング手法を用いて、つねにディベロッパーにどう売るかを考えていたそうです。

「最初は、DMを打ちたいけれど、なんと書いていいかもわからないというレベルでした。神田さんの本に出てくるサンプルを参考にして、失敗してはやり直しの繰り返しでした。DMを一〇〇件打っても三件しか戻ってこないような低空飛行がしばらく続きました」

まさに試行錯誤の日々が続いたのでした。

「殿様セールス」でシェアを拡大する

話は、VRSサービスが東京へ進出した頃に戻ります。やはりターゲットがディベロッパーに限られているため、紹介営業がメインになったそうです。

リクルートコスモスの役員に頼んで、懇意にしているディベロッパーの上層部を紹介してもらうようなパターンが続いたといいます。

「紹介で売り込みに行くと、たいていは上が口先でオーケーといっても、実際は下に対して『検討しておけ』程度のものですから、結局はうやむやになってしまいます。だから、上には話が通っているといいながら、現場の人に営業をかけて、うちの販促ツールのよさを理解してもらってから、一歩ずつ攻略していくしかなかったですね」

財閥系のマンションディベロッパーは統制が取れているのでトップから落としていくと営業しやすかったそうです。一方、独立系のディベロッパーはひとつずつモデルルームを当たったほうがよい結果が出たといいます。

ディベロッパーをはじめとする不動産業界は新しいものを受け入れる土壌が醸成されていないため、何をするにも高い障壁が待ち構えているイメージがあります。実際にどうだったのか、東田さんは振り返ります。

「基本的にはマンションディベロッパーの内部では、販売部隊にいちばんの発言力があります。自分たちが売っているのだという感覚があるので、そこのチーフの人が販促ツールとして使いたいとなれば採用されました。

当初はそういう形で食い込んでいき、そのうちに業界シェアが伸びてきて、ありがたいことに、大きなディベロッパーは必ず使っているといったコンセンサスができ上がってきました。これで非常に楽になりました」

VRSサービスのワンストップサービスのツールを使うのが、いつの間にか標準になってしまったわけです。近頃では、「三菱地所や三井不動産からVRSサービスの販促ツールを知らされたから」と、ディベロッパーのほうからアプローチを受けるケースがかなり増えてきたそうです。

これはすでに神田昌典氏のいう「殿様セールス」の領域に入っているのかもしれません。ちなみに殿様セールスとは、「自分にふさわしくない客は早めに見切り、別の客にアプローチしたほうが効率的」とする、ネーミングのわりにはいたって真っ当な考え方のことです。

〝一人勝ち〟にならないようにする

業界トップシェアを独走するようになると、東田さんはとんでもないアクションを起こします。それはVRSサービスが保有するデータすべてをオープン化することでした。

たとえば、パンフレットに載せた新築マンション周りの眺望写真・画像を再度販売するようなことはせずに、広告代理店に無料で提供したのです。周りの建物についても、データ加工を施したあとに、無料で提供することを決めたそうです。東田さんはいいます。

「われわれが、立ち位置を『データサプライヤー』に決めたからでした。これまではクライアントに納品物を直接販売して、回収する直販体制できましたが、以前から立ち位置をよりクリアにしたいと思っていました」

いったいどういうことでしょうか？

「〝一人勝ち〟にならないようにするということです。データサプライヤーになってデータをオープン化しておけば、VRSサービスに頼めば、データはちゃんともらえるわけです。そうすれば、わざわざ現場へ撮影しに行かなくてすみます。

うちはそれでいいのです。VRSが入っている現場だったから、今回は無料でデータを借りられてラッキーと、周りの同業者に感じてもらえればいいのです。それは口コミでうちの宣伝にもなるでしょうしね」

どうやら東田さんの狙いは、ゆるやかな同業者の連帯づくりにあるようです。

東田さんからこの話を聞かされて、反射的に思い出した企業がありました。東京の浅草橋に本社を構えるラッピング（包装）の日本一企業、シモジマです。ここの創業者が掲げた行動規範がすごいのです。

「ちょっと損する気持ちを持て。人間一〇〇パーセント自分が儲かったり、楽しむのはよくない。腹八分目ではないけれども、ちょっと損する部分がないと、人はついてこない」

エゴ的経営の逆の発想で、聞かされた私の頬もついゆるんでしまうような言葉でした。

どうやらシモジマにはツキがあるようです。ツキを落とすのはエゴ的発想と行動ですが、九〇年前からのシモジマの歴史を知ったり、行動規範を見るにつけ、それも当然のように思えてきます。

おそらく東田さんはシモジマの創業者と同じような心持ちなのでしょう。

以下は東田さんがいつも背広のポケットに忍ばせているVRS（Virtual Research System）クレドです。

VRS（Virtual Research System）クレド

私たちのミッション

私たちのミッションは、最先端の技術を使って、不動産業界にもっとわかりやすいツールを提供することです。

私たちのクライアントは、日本を代表する立派な会社の優秀な社員です。

彼らが納得する、すばらしいサービスを提供します。

このミッションを気楽に、楽しく実現していきます。

私たちは変化を楽しみます
会社の提供するサービスは、変化しつつ進化します。
それによる混沌は、私たちの乗り越えるべきハードルであり、自分が成長するためのギフトであると考えます。

宝の山の可能性を秘めた中古マンション市場

四年後の二〇二〇年には東京五輪という大イベントが待っていますが、歴史を振り返ってみると、五輪開催国はその閉会直後から「五輪疲れ」が出始めて、たいていは不景気に陥っています。

一九六四年の東京五輪も例外ではありませんでした。五輪終了直後に証券不況に見舞われ、戦後初の赤字国債の発行を余儀なくされました。

ですから、どの企業もいまから東京五輪後を見据えて、対策を講じておく必要があります。東京五輪がらみの新築ラッシュはじめ、フォローの風の恩恵を受けてきたマンション業界ですが、早ければ五輪前からかなり厳しい状況を予測する向きもあります。
東田さんは数年先をどう見ているのでしょうか?

「これまでわれわれが販促ツールをお届けしてきたのは、新築マンションを開発するディベロッパーでした。今後ももちろん新築物件向けの販促ツールを開発していきます。しかしながら、発想を変えてみれば、日本中には中古マンションが山ほど存在しています。中古物件の売買件数も凄まじい数におよんでいます」

VRSサービスが中古マンションの販売会社向けの販促ツールを開発、それを購入の判断材料にするというわけですが、すでに着々とその準備を進めているそうです。
対象が中古マンションになるので、モデルルームや特設会場に購入を考えているお客様を招くのではなくて、インターネット・マーケティングの分野での勝負となります。

「このページを見た瞬間にお客さんが、『あっ、これはわかりやすいから、これで中古マンションを探したい、検討したい』と感じるものをつくり上げなくてはいけない」

要は、ページの滞在時間を増やすためのキャッチーなコンテンツを、VRSサービスの技術でいかに加工できるかです。
ここも、これまで誰も手をつけてこなかったニッチな分野です。新築分野で実績があるだけに、中古分野についても相当な引き合いが見込まれます。問題は納品のスピードアップです。東田さんはいいます。

「滑り出しがうまくいけば、ものすごい数のオーダーになると思っています。その代わり、業者側から一部屋一部屋の物件情報が上がってくれれば、ひとつの物件について三〇分から一時間ぐらいで完成できるコンテンツにブラッシュアップする必要があります。それが工場生産のようなスタイルでやれるようになるのが理想です」

新事業に挑むのならば、これまでとまったく違う分野に突っ込むのではなく、自分が持っている技術のすぐ横の部分で新しいニーズをつくり出す。これは神田昌典氏の持論ですが、ターゲットを新築マンションから中古マンションにスライドする新ビジネスはきわめて理にかなったものなのです。

◎東田 昇氏インタビュー…………［聞き手］加藤 鉱

加藤　東田社長はリクルートコスモス時代に竹中工務店に出向というか、企業留学の経験をお持ちなのですね。

東田　はい。二八歳のときに一年間、大阪の竹中工務店に出向しました。

　現場と設計部で仕事をさせてもらいました。マンションディベロッパーの支店で竹中工務店という大手でもあり名門のゼネコンの仕事を目の当たりにできた経験は、私にとってかけがえのないものとなりました。

　ただ一年間いて、意外と面白い組織ではないと正直いって思いました。ものすごく大きな仕事をしているわりには、大した組織ではなかったと。独断と偏見ですが。

　竹中工務店は自由闊達《かったつ》なリクルートの社風とは対極に位置するみたいな堅い会社で、そのときに、技術とは何か、組織とは何かを大いに考えさせられました。

加藤　何か当時のエピソードはありますか?

東田　竹中工務店への出向は、リクルートコスモスの後輩と二人でした。あまりに堅い社風で息が詰まりそうだなといつも話していました。その年に設計部全体で忘年会が催されたので、出向組二人で漫才をしました。

一〇〇人ぐらいの宴会で、気詰まり感漂うなかで漫才をすると、これが大受けに受けました。ある人などは、「宴会であんなの聞いたのははじめてです」と感激していました。リクルートではいつもやっていることなのですがね。

単純に会社が違うから社風も文化が違うといってしまえばそれまでですが、竹中工務店だってマンションをつくっているわけです。最終的に同じ建造物をつくっている会社の人間なのに、ここまで違うものなのかと思った次第です。

加藤　東田さんご自身の技術論を聞かせてください。

東田　現在の技術水準からあまりかけ離れたものを現実化しようとすると、やはりもたついてしまいます。それはそれでいいのですが、どちらかというと、いまの技術を半歩先に進めるにはどうしたらいいかを考えていこうと、社員には伝えています。

三歩先の新しいものでなく、半歩先でいいから、その実現をめざしています。毎日やっているこの仕事がもうちょっと楽にならないかとか、あれがもうちょっと変わればうれしいとか、みんなが願っているものを集めてきて、われわれで改善していったら、いつの間にか商品そのものが進化している。そんな感じでしょうか。

加藤　ＶＲＳサービスの業容拡大により新たな人材の注入が必要です。人材採用のとき、東田さんが重視するものは何でしょうか？　また、東田流の人材育成法を教えてください。

東田　技術を持つ会社だからといって、資格さえあれば採用するわけではありません。資格はまったくなくてもいいと思っています。要は、組織に馴染んで、何か可能性を感じられるような人であれば、教えて育てますから。

加藤　ポテンシャル採用とでもいうのでしょうか、そのポイントは何ですか？

東田　われわれの場合は明確で、リクルート式の採用です。リクルートでは、たとえば先輩の誰々に似ているからといった理由で、採用していました。ルールがあるようなないようなおかしな採り方ですが、面接をしていてこちらに何かをピンと感じさせる人を選んでいました。あまり外れがなかったと思います。

われわれは若手に対して細かいことはほとんどいわない。全部お前が考えてやってみろという育て方をしています。

私がリクルートに入社したときに配属されたのは、マンション販売の会社の技術部門でしたが、上の人は中途採用の人ばかりで、プロパー社員など誰もいませんでした。どうしたらいいのかわからなくて、いろいろ質問しても、「俺はわからんからお客さんに聞いてこい」といわれるばかりでした。

でも、リクルートグループ全体でも、「お前は東田商店の社長なのだから、お前がどうしたらいいか考えろ」とことあるごとに教育されていましたから、結局、自分で考えて動けということなのです。本当にあの会社には鍛えられました。

加藤　VRSサービスは業界ダントツですし、ワンストップサービスを提供する競合他社がいないのですから、価格競争に巻き込まれるような危険性はありませんよね。

東田　われわれの持っている日影図に代表される技術や文献は、プロから見れば別に新しいことをやっているわけではありません。われわれが肝に銘じなければならないのは、お客様（ディベロッパー）は技術的な成果物を求めているのではないということです。

マンション購入を検討する人たちに、物件の持つ価値を納得してもらうために、どう工夫をこらすのか。当たり前ですが、そこを評価基準にしています。単純にくってしまうと、白黒の図面を出すのと、カラーの図面を出すのとであれば、どちらを評価するのかという話なのです。

ダンピングみたいな形の値引き競争は、これまでまったくありません。その代わり、二〇戸、三〇戸の小さいマンションを苦労して売っているところから支払いの相談を受ければ応じることにしています。長いおつき合いをしていただければいいわけですからね。

神田昌典の視点

VRSサービスが築き上げたビジネスモデルをカテゴリーで分けるとすれば、「オールインワン」となります。オールインワン・カテゴリーは、従来、分業化されていた業務をパッケージ化して顧客に提供する、いまや世界的な潮流として大注目のビジネスモデルといえます。

VRSサービスの最大の特徴は本文にもあるように、「現地測量作業」→「日影計算作業」→「眺望写真撮影」→「ムービー撮影」→「ツール加工作業」と非常に複雑化している新築マンションの販促業務をワンストップで、しかもすべて内製、自己完結していることです。

VRSサービスのようなビジネスを可能にしたのは、有効なデータが次から次へと集まってくるWEB環境の圧倒的な進化です。いままでは複雑で手分けをしなければいけなかったものが、ネット上でひとつにまとめられるまでになってきました。

これをVRSサービスはとてつもないスピードでやってのけてしまったわけです。

同社の東田昇社長が開発した「日照シミュレーター」は、顧客であるマンションディベロッパーに衝撃を与え、物件販売のあり方を根底から覆したといわれています。

同社はこれまでは新築マンションの販促ツールの開発・販売を行ってきましたが、今後は膨大な需要が見込める中古マンションに照準を合わせています。

いま、VRSサービスのようなオールインワン型企業が、旧態依然としたビジネスにどれほど大きな風穴を開けているのか、海外の例を紹介しましょう。

このところ海外で話題になっているのが生命保険の分野です。もともと生命保険の適用内容は非常にわかりづらいところがありました。それを、OSCAR社という、あるベンチャー保険会社は生命保険の適用内容と加入プロセスをきわめて簡素化して、加入者数を大幅に伸ばしているのです。

同社が、生命保険に何を求めているかを徹底的に調べて判明したのが、「身体の具合が悪くなったとき、適切な専門家を探せるかどうか」でした。同社は保険の仕組みをできるかぎりシンプルにリニューアルした結果、短期間で急成長しています。驚くことに、一四万五〇〇〇体もの契約を紹介で取ることに成功しています。

どれだけユーザーにとってシンプルなのでしょうか？

具体的には、まずは加入者が病気になったときには即、オンライン、もしくは電話でドクターの診断を受けられます。これは日本では許可されないでしょう。次に、加入者の在住地域にいるドクターの専門分野の詳細なレビュー情報を確認することができます。さらに、健康値を保つために加入者に合ったエクササイズを推奨するだけでなく、その数値目標を提供し、それをクリアすると、保険の金額に反映するというポイント制度を導入しているのです。

加えて、難しい保険の約款を見直して、きわめてシンプルなプランに変更し、それでもわからなかったなら、二四時間三六五日体制で電話対応しています。

こうした保険の加入者の病気に関するすべての不安を一掃するサービスを、オールインワン・パッケージで提供する生命保険が登場してきており、急速に売上げを伸ばしているのです。

配送の分野でも、SHYP社というオールインワン型企業が脚光を浴びています。

荷物を郵送するのか宅配便で頼むのか、梱包は配送会社から段ボールを調達するのか、住所は自分で書くのか、ひとつの配送作業に関してもさまざまな業務に分かれています。それをオールインワンにして、五ドル払えば、お客さんは何も用意しなくても、一番安い物流会社を選択してくれ、配送してくれる。しかも、それは業者料金を使って配送するので安いし、なおかつ自分で出すよりも速い。すでにアメリカではそうしたオールインワン・パッケージ方式のサービスが提供され始めているのです。

そして、日本のマンションディベロッパー向け販促ツール分野では、ＶＲＳサービスが突出した存在感を示しています。

第7の
ビジネス戦略

7

秘められた人材能力の開発で
組織を活性化する

従来の福祉施設のイメージを乗り越え
障がい者がサポート側に代わる時代をつくる

ビジネス・ライフデザイン株式会社　代表取締役
矢根克浩

「俺だからできる仕事」から「誰でもできる仕事」へ

日本の就労者の七人に一人が障害者手帳を持っているのをご存じでしょうか。この数字を知って驚く人も多いかもしれませんが、実際にはそれほど多くの障がい者がわれわれの周りにいるのです。

障がい者はビジネスの現場では戦力にならない、それどころか足手まといとさえ思う人も多いようです。しかし、障がい者のなかには社会参加しようと懸命に努力をしている人もいるし、健常者を上回るビジネススキルを備えている人もいます。

神田昌典氏から「障がい者がビジネスの戦力として活躍している会社が大阪にある。それも半端じゃない。内職的な仕事でなく、リスティング広告の設定・運用やコピーライティングといった仕事を任せられている」と知らされ、取材で訪ねたのが、大阪市中央区南船場にある障がい者就労支援A型事業所、ビジネス・ライフデザイン株式会社でした。

A型の就労支援施設とは、軽度の障害を持つ人がスキルを磨き仕事ができるようになるまでの支援をする施設です。

扉を開けると、広く明るい雰囲気の事務所のなかで、二〇人ほどのスタッフがいくつかの持ち場に分かれて仕事をしていました。パソコンをのぞき込んでいる人、ポストカードに何か書き込んでいる人、梱包作業をしている人などがいて、どこにでもあるようなオフィスの光景です。すれ違う人たちから「こんにちは」「いらっしゃい」と元気のいい声がかかり、室内は活気にあふれています。

二〇〇一年から神田昌典氏が主宰する「実践会」のメンバーだったという矢根克浩代表は意外な職歴の持ち主でした。

「ずっと歯科医院の内装や家具などを含めたトータルインテリアデザインをしています。インテリアデザインのなかでもかなりニッチな分野ですね」

矢根さんは歯科医院向けのトータルインテリアデザイン専門の会社「プランニング ボックス」の代表を務めていて、これまで累計一〇〇〇件以上の歯科医院の内装や改装・新築相談を受け、この分野では右に出る者はいないとの評判です。

そんな仕事をしてきた矢根さんが、なぜまったく畑のちがう障がい者就労支援事業所を始めようと思ったのでしょうか？

「ダイヤモンド社から出版された神田さんの『六〇分間・企業ダントツ化プロジェクト』の冒頭部分で、賢者は誰にでもできる仕事をする、愚者は俺だからできる仕事をするという件《くだり》があって、それがずっと頭のどこかに引っかかっていました。なぜなら、歯科医院のインテリアデザインの仕事は、まさしく俺だからできる仕事だったからです。

その仕事をしているなか、知り合いに障がい者就労支援事業所を運営されている人がいて、誘われたので見学に行きました。事務所にはパソコンがあり、ヤフーオークションの管理や楽天で商品の出品をしていたり、製品の作製、チラシの作成をしたりしていました」

そのとき「こういう仕事をしたかったんだ！」と軽い衝撃を覚えたといいます。これこそが神田氏がいうところの、誰にでもできる仕事であったからです。

重度の障がいを持つ親戚がいる矢根さんは、即座にこの仕事に挑戦してみることを決め、さっそく事業所の場所探しとビジネスモデルの構築を考え始めたそうです。

障がい者が自立できる環境をつくる

まずは収益モデルを研究しました。自分の給料はなしとして、計画している二〇人ほどのスタッフ（障がい者）と職員数人に対する給料を含めた事業所全体の経費を支払ったうえで、とんとんにするためにはどうしたらいいかを徹底的に考えました。

おそらく経営的には下請け仕事を受注したほうが楽でしょう。スタッフに単純作業をさせればいいのですから。

しかし、それでは通常の障がい者就労支援事業所となんら変わりはありません。矢根さんは自分の思いを突き詰めてみて、自分がつくりたいのは、障がい者の自立支援になる、自立に向かっていける事業所であることにあらためて気づきました。

これまでサポートをされる側にあった障がい者から、サポートをする側になろう。障がいを持っていてもサポートができる。この事業所のなかで働いているうちに自立できるという環境をつくる。そしてこの事業に携わる人の笑顔をひとつでも多くつくっていこう。こうした企業コンセプトをつくり上げます。

これは従来の障がい者就労支援事業所のパラダイムを覆すようなコンセプトといえるでしょう。具体的には、障がい者就労支援事業所に来てくれたスタッフの特性や個性に合わせた仕事をしてもらうことです。

矢根さんと話していると、まず人当たりのよさを感じます。さらに、優れたヒアリング能力が備わっていることに気づきます。その点について聞いてみると、歯科医院のインテリアデザインの仕事で経験を積むうちに培われたといいます。

「僕がクライアントになった歯科医に会ってまず行うのは、その歯科医がどんな価値観を持っているかをヒアリングすることです。それによって、インテリアデザインの方向性を見いだします。
たとえば、雨が降って道路に水たまりがあれば、ちょっと迷惑だなと感じますよね。でも、これが砂漠で喉《のど》がカラカラだという状況だったら、雨がつくった水たまりはありがたいでしょう。同じ水たまりでも価値が逆転します。
この価値の違いをもたらすのが、その人の「欲望」「関心」「目的」「経験・体験」「身体」なのです。それに基づいて価値観が構築されています。だから僕は、この五つを丹念にヒアリングして、その歯科医の価値観を十分見いだしてから、その価値観を表現するインテリアデザインをつくっていくわけです」（西條剛央氏×神田昌典氏オーディオセミナーより引用、また価値の原理に関しては『人を助けるすんごい仕組み』西條剛央著より引用しています）
これはコンサルタント顔負けの手法ですし、すでにプロフェッショナルの域に達しているといっても大仰ではないでしょう。人の価値観を見抜く能力を備える矢根さんのことですから、コンセプトに沿って、障がい者就労支援事業所を訪れるスタッフの個性に合った仕事をつくり出すことについても、ある程度勝算があったのかもしれません。

職員三名、スタッフ二〇名でスタート

二〇一四年一〇月に、障がい者就労支援A型事業所、ビジネス・ライフデザイン株式会社は動き始めますが、船出まではなかなか大変でした。

「大阪市の指定取得、事業所の定款づくりなどもしんどかったですが、場所探しが最も難儀しました。一〇〇平米未満であるとか、メインの出入り口以外に避難用のものが必要であるとか、耐震もクリアしていないと駄目だとか、厳しい条件がありましたので、入居場所を見つけるまでに二〇件以上回りました」

予想はしていたが、障がい者の事業所というだけで拒否反応を示すオーナーもいたといいます。

やがて、彼らの管理にかかわる職員三人が揃って、矢根さんはようやく開業にこぎ着けました。しかし、開業のあとにしかスタッフ募集ができないため、光熱費、空家賃といった無駄な経費が三カ月分かさみます。

最初は有料求人誌でスタッフ募集をかけました。その求人募集を見て興味を持った障がい者の人には、まずビジネス・ライフデザインの現場を見学してもらいます。ハローワー

クとも連携しました。ハローワークで紹介を受けて働きたいと思った人には、ハローワークの紹介状を持って面接に来てもらうといった段取りで、スタッフを募集していきました。

スタート当初は当然ながら、ビジネスモデルに沿った動きは実行できるはずもありません。とにかく、ひたすらスタッフとコンタクトを重ね、その人がどのような能力を秘めているのか、どんな志向性を持っているのかを引き出す作業が続いたそうです。

「すぐにこちらの意に沿うような仕事が舞い込むとは思えなかったので、はじめのうちは代表を兼ねている歯科医院向けのプランニング　ボックスのデザインの仕事を回して、糊《こ》口《こう》をしのごうと思っていました。リーフレットやポップカードをつくったりする作業です。

ただよくよく考えてみると、デザインという仕事を分解すると、まず全体のコンセプト、構成、コピーライティング、飾りつけの具材といった四つの要素があります。

たまたま僕は一人でその四つともできましたが、健常者であれ障がいを持っている人であれ、絵心があるとか文章を書くのが好きだということでは商品にはならなかったのです」

WEB上の商品説明の書き手を養成する

障がい者就労支援事業所をスタートしてから半年間は名刺リスト作成や結婚式の席札の作成など細かな業務しかなかったのが、ようやく薄日が差してきました。矢根さんの知人がスマホから誰でも簡単に売り買いが楽しめるフリマアプリの「メルカリ」ビジネスを始め、その梱包と発送の仕事を請け負ったのです。

「物流の仕事は必ず押さえておきたい仕事だったのでありがたい話でした」

梱包と発送の仕事を続けているうちに、WEBページ上に商品の説明をするランディングページ（LP）を作製する必要が出てきたので、「商品説明を書く仕事をやりたい人はいますか」とスタッフに尋ねてみると、四人が手を挙げたそうです。

LPとはWEBページの入り口となるページで、インターネットで稼ぐための最重要要素といわれるものです。

とにかくやってみよう。LP原稿の書き手となるためには訓練が必要なので、矢根さんは四人に対して、「売れる文章講座」をレクチャーすることにします。

「最初はほかの秀逸なLPを写させて、こういうものだと理解してもらいましたが、一人は写すことすらできませんでした。そこからその商品のキラリと光るキーワードを探すことにしたのですが、やはりうまくいかなかったですね」

そこで今度はメルカリで売れていたり、以前売れていた商品紹介はどういうものかを、分解してみました。

「それらには『共感』『後押し』『行動』の三つの使用方法が含まれていました。その三つで雛型をつくって、お客さんはどの部分に共感するのか、それを後押しするのはどういうことなのか、購入という行動を起こさせるには何が必要なのかを研究しました。

この雛型を基本に、みんなに文章を書いてもらったところ、けっこう精度のいい文章ができ上がってきたのです。あとは稽古の繰り返しでした」

矢根さんがメルカリの商品を選んでみんなに文章を書かせ、それを添削する。こんなやりとりを何度も重ねていくうちに、彼らもかなり書けるようになっていきます。

「その文章のなかでよりキラリと光るキーワードはこれではないかといって、それを前にもっていくのです。文章を入れ替えることによって、だんだんと精度が高まっていく。そのチェックをずっと僕がしていました。

大変でしたが、一～二時間で全部添削をして、書き換えを行ってきました。文章もかなりうまくなっていきました」

このメルカリのＬＰ作成と年間の累計取引六〇〇〇件におよぶ梱包・発送仕事、メルカリ出品者二六〇〇名向けの専用宛名シールの作製・販売が軌道に乗ってきています。

リスト管理は徹底してやっているという矢根さんにとって次の課題は、手持ちのリストをもとにどんなアプローチをかけていくかでしょう。

ほかにもビジネス・ライフデザインのスタッフによるオリジナルキャラクター、オリジナルロゴなどの作製、コスメの通信販売などの売上げが伸長しているそうです。

皆勤賞と精勤賞を設けて出勤率を意識させる

気になるスタッフたちの平均出勤率は九三％。この高率を維持している背景には、矢根さんの猛烈な努力があります。

障がいを持つ人たちには在宅の仕事のほうがストレスを受けずにすむのではないかと思っている人がいるかもしれません。毎日定期的に事業所に通うのは負担になるのではないかと案じる人もいるかもしれません。

しかし、矢根さんはそうした懸念を否定します。

「在宅の仕事はメリハリがありません。社会的にも会社勤めをしているとはいい難いですよね。あるスタッフは、以前、郵便局に勤めていたのですが、仕事上のミスが多く、コミュニケーションに対して恐怖感があって口が重くなってしまった。すると、局内で面白くないなどといわれたり心ない言葉を浴びせられたりして、辞めてしまったのです。

その後はずっと引きこもっていたのですが、やはり働かなくてはとうちに面接に来て、もう一年以上働いてもらっています」

会社に来ることによって、まず生活にリズムができます。またプライベートを立て直してから仕事をきちっとするアプローチより、仕事をきちっとしてリズムをつくりプライベートを立て直すアプローチのほうが効果的だと考えたからです。在宅での仕事はその自己規律ができた人の次のステップだと考えています。

矢根さんがマネジメントのなかで最も心を砕いて取り組んでいるのが、スタッフたちとの地道なコミュニケーションです。

「スタッフはみな会話に飢《う》えています。僕たちにいろいろな話を聞いて欲しいのです」

会社の取り組みとして、約二〇人のスタッフ全員に必ず二週に一度は面談室に来てもらって、二〇分程度話す仕組みを設けています。

「ここを始めてからそれがずっと続いています。うちに対する愚痴だってありますよ。僕は、コミュニケーションは質ではなく量だと思っているので、なるべく彼らにアウトプットしてもらうことにしています」

矢根さんは続けます。

「ザイアンスの法則ではないけれど、六〇分間一回よりも一〇分間を五回、実質五〇分なのですが、そちらのほうが効果があるわけです。一〇分でもいいからちょっとしゃべろうよと、コミュニケーションを積極的にとってきた結果、会社の雰囲気がとても柔らかくなってきました。

あとは出勤率を意識してもらおうと、皆勤賞と精勤賞を設けて、それに適ったスタッフには雑貨をプレゼントしたりしています」

チャットワークで進捗状況を報告

矢根さんは、障がいがあろうとなかろうと、仕事への取り組みは四つのステージに分かれると考えています。

①素直で売上げを上げる　②生意気だけれど売上げを上げる　③素直だけど売上げを上げられない　④生意気なうえに売上げも上げられない

「この四つの指標をもって、この人はいまはここのステージにいるのだと判断しています。たとえば、売上げを上げられなかった人が上げられるようになっていく過程では、生意気になるのは避けて通れません。当然です。僕らだってそうなのですから。

したがって、素直で売上げが上げられるようになるまでは、その人はどこかで一回大失敗すると思いますよ」

でも、それは仕方がない、折り込みずみでやっていくことにしていると、矢根さんは腹をくっているといいます。こうした障がい者就労支援事業所も一般の会社と同じで、ひとつの社会の縮図なのですから、さまざまな人がさまざまな形で絡み合っていて、問題は日常茶飯に起きているのです。

「権利の主張ばかりする人もいますし、ミスをすぐ人のせいにする人もいます。そうした戒めについてはなるべく明るく、朝礼のときに伝えるようにしています。行動規範を設けて、その意味をみんなで考えることにしています。たとえば、当たり前のことですが、気持ちのいい挨拶《あいさつ》しようということを決めました」

その結果、ビジネス・ライフデザインが入居するビルの掃除の女性に「あんたのところの子はみんな気持ちがいい、全員が挨拶してくれる。このビルのなかで一番元気な会社ですね」といわれるまでになったそうです。それをスタッフたちにフィードバックします。

「自己肯定感がかなり低いスタッフが多くいますが、とにかくコミュニケーションをはかって、少しでも自己肯定感と安心感を養って欲しいと思っています。

マネジメント側としては、出勤率を一般の会社でいう売上げ表みたいなものとして、一人ひとりをとらえています。難病のあるスタッフであれば、気圧の変化で体調を崩すわけです。それでも這《は》ってでもくる人と、ちょっと具合悪いからといって休む人とでは差をつけるようにしています」

驚嘆に値するのは、ビジネス・ライフデザイン内のチャットワークの浸透でしょう。障がいのあるプロジェクトリーダーを中心に携わるプロジェクトの進捗状況がすべてチャットワークで報告されるシステムができ上がっているのです。

これを矢根さんはじめ三名の職員が目を通しているので、まず間違いは起こらないといいます。各プロジェクトにはプロジェクトリーダーがいて、プロジェクトはいくつもが同時進行で、最終的にはすべてが矢根さんにつながるようになっているそうです。チャットワークの威力をまざまざと見せつけられたような気がします。

「うちではチャットワークでのやり取りが基本です。朝は出勤してきたら、まずチャットで、『出勤しました』と報告するのがルールなのです」

福祉施設のサポートで業績が伸びることを証明したい

いま、同社ではWEB部門に稼ぎ頭ができつつあります。冒頭で紹介した神田昌典氏の言葉にあった「リスティング広告の設定・運用」です。ここでも神田氏主宰の「実践会」が絡んでくるのですから不思議なものです。

大阪で開催された実践会の会場でたまたま出会ったのが、年商五億円まで売上げを伸ばしたインターネット広告会社の元社長でした。話してみると、「リスティング広告の仕事は十分やったので、会社ごと売却しました」といっていました。

リスティング広告とは、インターネットユーザーが検索したキーワードに連動して表示される広告のことで、「検索連動型広告」とも呼ばれます。

ビジネス・ライフデザインのスタッフの文章力が格段に上達してきたのを受けて、ちょうど矢根さんは、お金を稼げるリスティング広告まで手がけられるようになるにはどうしたらいいのかを模索していたところでした。渡りに船とはこのことでしょうか。

「障がい者就労支援事業所でインターネットの仕事をしているのですが、うちのスタッフにリスティング広告の指導をお願いできませんか」という矢根さんの要望に対して、元社長は二つ返事で仲間になることを承諾してくれ、事業所内で今度は彼を講師とする「リスティング広告講座」が始まったのです。

メルカリの長い文章と違って、リスティングの広告文はタイトル一五文字、本文一八文字程度の簡潔なもの。よりキャッチーなコピーを編み出す能力が要求されることがわかってきました。

やはりここでも試行錯誤があったものの、矢根さんは「障がい者福祉×ＩＴ事業」をコンセプトとする広告事業をスタートさせます。

ビジネス・ライフデザインには優れた感覚のキャッチコピーをどんどん生み出すスタッフがいて、信じられないような成果を上げています。

「うちで考えたコピーに変えたらクリック率が倍になったり、売上げが倍になったなどという報告をいただけるようになって、これまでの常識を覆すような話になってきています。それでいろいろと広告主にアドバイスをさせてもらっています。

あるお客様などは、『本当にたった三万円で大丈夫かと思いました。しかし、いろいろとご指摘いただき、何のためにＨＰを作成し、望む結果は何なのかという基本的なことを徹底的に見直すことができました』と喜ばれましたね」

これはビジネス・ライフデザインのスタッフたちがＷＥＢデザイナー、コピーライター、イラストレーター、グラフィックデザイナーとして、それぞれのプロフェッショナルな仕事をしている証左ともいえるでしょう。

こうした評価が定着してきたところで、次に矢根さんが狙いを定めたのがマーケティング・オートメーションの仕事でした。マーケティング・オートメーションとは、人的ミスをなくし、集客策から売上げ・顧客管理までの、マーケティングにおける全領域に対応するマーケティングプラットフォームのことです。

矢根さんは、これが運用できるようになってはじめて「障がい者福祉×ＩＴ事業」は本物になると考えているといいます。

「これはそう簡単ではありません。いま、インターネット広告会社の元社長の下で、僕とリスティング広告チームがさまざまなデータを検証しながら、マーケティング・オートメーションについて学んでいるところです。手応えとしては、あと半年もすれば、マーケティング・オートメーションの導入支援ができるようなレベルにまでブラッシュアップされているのではないでしょうか」

狙いは、収益拡大が見込めるＩＴ事業に徐々に特化していき、業務に貢献してくれるスタッフには年収二〇〇万円以上を稼いでもらうことだといいます。

いまやＥｘｃｅｌでなくＧｏｏｇｌｅのスプレッドシートをＷＥＢチームのほぼ全員が使えるようになったと聞かされ、着々とレベルアップが図られているのがわかります。

矢根さんの究極の目標は、ビジネス・ライフデザインとクライアントとのＷＩＮ‐ＷＩＮの関係を築くこと。そして彼が何よりも望んでいるのは、福祉施設のサポートを受ければ、一般の会社の業績が伸びる。それをまず自身が証明し、社会に浸透させることです。

◎矢根克浩氏インタビュー………………［聞き手］加藤鉱

加藤　出勤率が九割以上といっても、やはり通常の会社よりも低いわけで、欠勤を想定して仕事の段取り、やりくりをしていかないといけません。

矢根　はい。それは覚悟のうえなのですが、たいていは決まった人が欠勤する傾向にあります。そのまま来なくなってしまう、ドロップアウトしてしまう人もいます。

ある日突然、働きたくなくなってしまう人もいましたし、徐々に休みがちになって、遅刻とか早退が増えていき、フェードアウトしてしまうこともあります。どうしても人員の入れ替えは起こってしまうわけで、これはわれわれのような会社の宿命と思っています。

人が入れ替わることが前提にあるので、マニュアル化を進めながら、一方でスタッフ全員に複数のプロジェクトに属してもらっています。欠勤対策ということもありますが、僕としては複数のプロジェクトにかかわることで、みんなにいろいろな経験を積んでもらいたいのです。積んだ経験によって、いわゆる価値観が変わってきますし、モノに対する考え方、目的も変わってくるはずですから……。

加藤　マーケティング・オートメーションの導入支援をめざして準備を進められていると

お聞きして、正直驚きました。そういうレベルになると、スタッフのなかには、たとえばＩＴ技術者として、ビジネス・ライフデザインから独立しようとするような人も出てくるのではありませんか？

矢根 うーん、現時点では、彼らが思い描いている未来と国の制度にはかなり差異があります。仮にそういうスタッフが現れてくれれば、社内ベンチャーとしての独立を勧めるつもりです。

せっかくこの会社というインフラがあるのだから、プロフェッショナルとして独立したければ、まずはうちですればいいのです。一応うちに所属をしておき、クラウドワーカーみたいな感じでパラレルワークすればいいと思います。ここに属しながらでも、属さなくてもいいけれど、独立して自分で何かトライしたいならば、ぜひ支援したいですね。

加藤 社長のほうがリスクを吸収するような形ですね。

矢根 そういう形をとっていくのがいいと思いますし、実際に専門的な分野の会社に就職していった人もおられます。

加藤 スタッフの方の才能や資質についてはどうやって見抜いているのでしょうか？

矢根 自分でアピールすることについては、自分で気づいているわけですから、それは才能ではありません。彼らが無意識にやっていることを、僕らがどれだけ見抜けるかでしょう。

加藤　神田昌典氏は、二〇二二年には世の中の価値観がガラリと変わると示しています。矢根社長はご自身の仕事をふまえて、どう受け止められていますか。

矢根　東京オリンピックぐらいまでには、人工知能の部分が猛烈に発達していくでしょう。ただその反面、自分はいったい何者だろうとか、自分の価値観を探す人がこれからどんどん増えていくのではないでしょうか。

コンピュータやロボットに置き換えられる仕事も増えるわけですから、おそらく新しい職業の創出が焦眉《しょうび》の急となっている可能性がありますね。

未来はどうなるかわからないですけれど、ただ変化のスピードが速くなっていくのはたしかだと思います。ただし、どう価値観が変わろうとも、われわれのめざす目的はブレることはありません。あとは状況に合わせて、われわれの目的を達成する方法を模索する以外はないかなと思っています。

いまつくづく感じているのは、何が売れるのかわからない世の中になってきたなということでしょうか。

ビジネス・ライフデザインの矢根克浩代表と、先に取り上げた「Read For Action」に取り組む三宅さんの共通点は、人材の活用による組織の活性化です。

神田昌典の視点

そして、矢根さんの最大の功績は、障がい者就労支援事業所という能力が低いと思われがちな場所にシンプルな教育メカニズムを提供した結果、一般的に高度と思われている仕事ができるようにしたことです。

これはじつに画期的なことですし、さらに彼がいま取り組んでいるのは、障がいのある人に最先端のマーケティング技術であるマーケティング・オートメーションの仕事に携わってもらうことなのです。

ここにきて、一流企業によるマーケティング・オートメーションへの取り組みが非常に増えてきています。これはWEB上で広告を打ってから、見込み客の育成、クロージングまでを最適効率化していくという非常に複雑な概念です。

したがって、ほとんどの会社ではこのようなマーケティング・オートメーションを使いこなせる人材を育成するのは〝自前〟では困難と判断し、非常に高額なコンサルティング・サービスを受けているのが現状です。つまり、コンサルタントとともにトップダウンで、社内の有能な人材を結集して取り組んでいるような分野なのです。

通常であれば、博士号級の資格ホルダーが取り組むような分野を、障がいのある人たちに担当してもらおうとしている。これは本当に「コロンブスの卵」型の発想で、素晴らしいことだと思います。なぜこれができるのかというと、障がいのある人たちが、同じことを集中してやれる強みを最大限生かしているわけです。

通常の会社員は、自分の思考量の八割以上を日常業務で費やされてしまっています。あとの二割でまったく新しいことをしろといわれても、それはなかなか難儀なことで、ややもすると拒否反応すら生じてきます。

ところが、障がいのある人たちは一日働くなか、ひとつだけの仕事に集中して、毎日毎日学習して慣れていくと、高度な仕事をこなせるようになっていきます。当然ながら、これを担当する人たちはビジネス・ライフデザインのスタッフのなかでふるいにかけられた人たちです。

ある程度仕事を割り振りする能力を持ったプロジェクトリーダーさえいれば、障がいのある人たちが相当高度な仕事ができることを見つけてしまったのがビジネス・ライフデザインの矢根さんなのです。

【著者】

神田昌典（かんだ・まさのり）

経営コンサルタント、作家。上智大学外国語学部卒。ニューヨーク大学経済学修士、ペンシルバニア大学ウォートンスクール経営学修士。4年次より外務省経済部に勤務。戦略コンサルティング会社、米国家電メーカーの日本代表として活躍後、1998年、経営コンサルタントとして独立。コンサルティング業界を革新した顧客獲得実践会を創設し、延べ2万人におよぶ経営者・起業家を指導。

1998年に作家デビュー。従来のビジネス書の読者層を拡大し、実用書ブームを切り開く。現在は、株式会社 ALMACREATIONS 代表取締役、一般社団法人 Read For Action 協会代表理事を務める。

著書に『成功者の告白』（講談社）、『全脳思考』『稼ぐ言葉の法則』（以上、ダイヤモンド社）、『あなたの会社が90日で儲かる！』『非常識な成功法則』『口コミ伝染病』『不変のマーケティング』『挑戦する会社』（以上、フォレスト出版）など多数。

【取材協力】
加藤鉱（かとう・こう）
作家、立教大学大学院ビジネスデザイン研究科講師。愛知県生まれ。経済誌記者を経て香港に渡り、在住10年。1992年に香港で日本語オピニオン紙「サイノエイジア・ファックスライン」を創刊。中国への返還という歴史的な過渡期を迎える香港をレポートした。内外の政治・経済をはじめ、文化、スポーツ、ギャンブルまで執筆テーマは多岐にわたる。
著書に『大班―世界最大のマフィア・中国共産党を手玉にとった日本人』（集英社）、『再生したる！―ドキュメント「マイカル復活」1500日』（ビジネス社）、『ヤオハン 無邪気な失敗』（日本経済新聞社）など多数。

あなたの会社が最速で変わる７つの戦略

2016年9月16日　初版発行

著　者　神田昌典
発行者　太田　宏
発行所　フォレスト出版株式会社
〒162-0824　東京都新宿区揚場町2-18　白宝ビル5F
電話　03-5229-5750（営業）
03-5229-5757（編集）
URL　http://www.forestpub.co.jp
印刷・製本　日経印刷株式会社

ISBN978-4-89451-728-8　Printed in Japan